Anja Austregesilo-Vockrodt

Nachhaltigkeit im Haushalt

Arbeitsbuch

1. Auflage

Bestellnummer 34210

Bildungsverlag EINS
westermann

Die in diesem Produkt gemachten Angaben zu Unternehmen (Namen, Internet- und E-Mail-Adressen, Handelsregistereintragungen, Bankverbindungen, Steuer-, Telefon- und Faxnummern und alle weiteren Angaben) sind i.d.R. fiktiv, d.h., sie stehen in keinem Zusammenhang mit einem real existierenden Unternehmen in der dargestellten oder einer ähnlichen Form. Dies gilt auch für alle Kunden, Lieferanten und sonstigen Geschäftspartner der Unternehmen wie z.B. Kreditinstitute, Versicherungsunternehmen und andere Dienstleistungsunternehmen. Ausschließlich zum Zwecke der Authentizität werden die Namen real existierender Unternehmen und z.B. im Fall von Kreditinstituten auch deren IBANs und BICs verwendet.

Die in diesem Werk aufgeführten Internetadressen sind auf dem Stand zum Zeitpunkt der Drucklegung. Die ständige Aktualität der Adressen kann vonseiten des Verlages nicht gewährleistet werden. Darüber hinaus übernimmt der Verlag keine Verantwortung für die Inhalte dieser Seiten.

service@bv-1.de
www.bildungsverlag1.de

Bildungsverlag EINS GmbH
Ettore-Bugatti-Straße 6-14, 51149 Köln

ISBN 978-3-427-**34210**-6

westermann GRUPPE

© Copyright 2018: Bildungsverlag EINS GmbH, Köln
Das Werk und seine Teile sind urheberrechtlich geschützt. Jede Nutzung in anderen als den gesetzlich zugelassenen Fällen bedarf der vorherigen schriftlichen Einwilligung des Verlages.

Vorwort

Liebe Leserinnen und Leser,

Nachhaltigkeit ist ein Begriff, auf den man in der heutigen Zeit überall stößt. Es ist hip und modern, nachhaltig zu leben, sich einem bestimmten Ernährungsstil zu verschreiben, „bio" einzukaufen, Lebensmittel eventuell sogar selbst anzubauen und Ökostrom zu beziehen. Ebenso trendig ist es, mittels Smartphone-Apps Autos zu mieten, Urlaub in Privatwohnungen zu machen oder Kleidung zu tauschen. Doch was bedeutet Nachhaltigkeit, woher stammt der Begriff und warum ist es so wichtig, nachhaltig zu leben?

Das vorliegende Arbeitsbuch widmet sich dem Begriff der Nachhaltigkeit und wie diese im Haushalt umgesetzt werden kann. Im Buch werden soziale, ökologische und ökonomische Aspekte der Nachhaltigkeit beleuchtet, komplexe Sachverhalte erklärt und die Auswirkungen von umweltschädlichen und ressourcenintensiven Handlungen aufgezeigt.

Schrittweise wird in den zu bearbeitenden Aufgaben, Recherchen und Projekten ein Bewusstsein für das Thema geschaffen und es werden fächerübergreifende Kompetenzen angebahnt. Informative Texte und Exkurse tragen zur Meinungsbildung bei, Fakten und Daten geben Aufschluss über die Notwendigkeit und Dringlichkeit der Thematik.

Sowohl privat als auch im Beruf ist nachhaltiges Handeln wichtig, um Ressourcen zu schonen, die Umwelt nicht zu belasten, mit Gütern und Lebensmitteln verantwortungsvoll und achtsam umzugehen, faire Arbeitsbedingungen und Chancengleichheit zu schaffen. Handlungen und Konsumentscheidungen haben Einfluss auf die gesamte Wertschöpfungskette von Gütern und Produkten und können mithelfen, soziale, ökologische und ökonomische Missstände einzudämmen.

In den einzelnen Kapiteln werden die verschiedenen Disziplinen der Hauswirtschaft im Hinblick auf eine nachhaltige Lebensweise beleuchtet und mit Tipps und Fazits ergänzt. Ziel des Buches ist es, bei jungen Menschen ein Bewusstsein für eine nachhaltige Lebensweise zu schaffen, dieses bewusste Handeln in Beruf und Privatleben zu integrieren und langfristig – nachhaltig – beizubehalten.

Autorin und Verlag

im Januar 2018

Inhaltsverzeichnis

Vorwort der Autorin 3

1 Nachhaltigkeit 9

1 Begriffsgeschichte 9

2 Das Konzept der Nachhaltigkeit 11
2.1 Nachhaltiger Klimaschutz 11
2.2 Nachhaltiger Konsum 13

EXKURS: Der ökologische Fußabdruck – eine Veranschaulichung des weltweiten Ressourcenverbrauchs 17

2 Nachhaltig kochen und backen 19

1 Die nachhaltige Küche 19
1.1 Nachhaltigkeit bei der Küchenplanung 19
1.1.1 Nachhaltige Materialien 19
1.1.2 Nachhaltige Küchengeräte 21
1.2 Ressourceneinsparung bei der Zubereitung 24
1.2.1 Energie 24
1.2.2 Wasser 25

EXKURS: Kochen wie mit Omas Kochkiste 28

2 Der nachhaltige Einkauf 29
2.1 Lokale und saisonale Produkte 29
2.2 Ökologische Landwirtschaft 30
2.3 Ethisch korrekt gehandelte Lebensmittel 32

3 Nachhaltige Ernährungsstile und -gewohnheiten 33
3.1 Fleischarme Ernährung 33
3.2 Verzicht auf Convenience Food 37
3.3 Alternative Kostformen 39

4	**Kochen und Backen**	41
4.1	Nachhaltiger Umgang mit Lebensmitteln	41
4.2	Reste-Rezepte	42
4.2.1	Pikante Reste-Rezepte	42
4.2.2	Süße „Reste-Rezepte"	46
4.2.3	Weitere „Reste-Rezepte"	50

3	**Nachhaltig hauswirtschaften, reinigen und waschen**	58
1	**Müllreduzierung**	58
1.1	Müllproduktion und Müllentsorgung	58
1.2	Müllvermeidung	60
1.3	Recycling von Wertstoffen	61
2	**Nachhaltiger Einsatz von chemischen Reinigungsmitteln und Waschmitteln**	64
2.1	Umweltbelastungen und Gefahren für die Gesundheit	64
2.2	Nachhaltige Wäschepflege	65
2.2.1	Ressourcenschonendes Wäschewaschen	65
2.2.2	Alternative Waschmittel	68
EXKURS: Eutrophierung		71
3	**Einsatz von Hausmitteln und natürlichen Reinigern**	72

4	**Nachhaltig gestalten, werken und nähen**	78
1	**Herstellung und Weiterverarbeitung von Textilien**	78
1.1	Ressourcenaufwand: Wasser, Chemikalien, CO_2	78
1.2	Textilindustrie China: Weltmarktführer in der Kritik	82
1.3	Kunstfasern	85
1.4	Textilveredelung	87
1.5	Nachhaltiger Rohstoffanbau am Beispiel der Baumwolle	89
1.6	Rückgewinnung und Textilrecycling	90
EXKURS: Umweltkatastrophe Aralsee		92

2	**Nachhaltige Projekte aus dem Bereich „Textiles Gestalten/Werken"**	93
2.1	Stofffärben mit Pflanzenfarben	93
2.2	Butterbrottüte aus Wachstuch nähen	95
2.3	Utensilo aus Plastikwolle häkeln	98
2.4	Lavendeldruck auf Baumwollstoff	100
2.5	Wandbehang aus Wollresten weben	102

5 Nachhaltige Gartenpflege, Körperpflege, Kosmetik und Hausapotheke … 107

1	**Garten**	107
1.1	Nachhaltigkeit beim Gärtnern	107
1.1.1	Kompostieren von Speiseresten und Gartenabfällen	107
1.1.2	Ressourcensparend und umweltschonend gärtnern	110
1.2	Gartenformen	111
1.2.1	Der Mikrogarten im Glas: Sprossen	111
1.2.2	Der Minigarten auf der Fensterbank: Kräuter	113
1.2.3	Der Midigarten auf dem Balkon: Tomate und Co.	114
1.2.4	Neue Pflanzen züchten	116

EXKURS: Permakultur … 118

2	**Körperpflege und Kosmetik**	119
2.1	Nachhaltige Körperpflege- und Kosmetikprodukte	119
2.1.1	Siegel und Standards	119
2.1.2	Reduzierung von Verpackung und Konsum	120
2.2	Nachhaltige Pflegeprodukte herstellen	123
2.2.1	Nachhaltige Gesichtspflege	123
2.2.2	Nachhaltige Körperpflege	125
2.2.3	Nachhaltige Haarpflege	130

3	**Hausmittel bei Erkrankungen**	133
3.1	Nachhaltiger Umgang mit Medikamenten	133
3.2	Hausmittel gegen Erkrankungen	134

6 Nachhaltige Zukunft ... 139

1   Nachhaltige Konsumalternativen ... 139
1.1 Sharing Economy: Trend oder Zukunft? ... 139
1.2 Nachhaltige Dienstleistungen ... 141
EXKURS: Wohnen 2.0 – alternative Lebensformen ... 142
2   Ausblick: Nachhaltigkeit in den Alltag integrieren ... 143

Sachwortverzeichnis ... 149

Fußnotenverzeichnis ... 153

Bildquellenverzeichnis ... 155

1 Nachhaltigkeit

1 Begriffsgeschichte

Die Forderung einer schonenden und fortwährenden Nutzung von Ressourcen tauchte nachweislich vor gut 300 Jahren das erste Mal auf. Der kursächsische Verwaltungsbeamte Hans Carl von Carlowitz forderte in einer Zeit der Energiekrise einen „nachhaltenden" Umgang mit Baumbeständen und Holz. Da in dieser Zeit großer Holzmangel herrschte, präsentierte er in seinem 1713 veröffentlichten Buch „Sylvicultura oeconomica" verschiedene Maßnahmen in der nachhaltigen Forstwirtschaft.[1] Darin kritisierte er das unüberlegte Abholzen der Wälder, um dadurch kurzfristigen, schnellen Gewinn zu erlangen. Von Carlowitz forderte einen pfleglichen Umgang: nur so viel Holz sollte „mit Behutsamkeit" abgeholzt werden, wie nachgebaut werden konnte. Er beschrieb außerdem moderne Energiesparmaßnahmen für die Verwendung von Holz wie eine bessere Wärmedämmung beim Hausbau und energiesparende Herde und Öfen. Auch stellte er Überlegungen an, Holz durch Torf zu ersetzen und somit die Ressourcen zu schonen

Vor gut hundert Jahren wurde das Wort „Nachhaltigkeit" erstmals im Duden erwähnt, jedoch wurde der Begriff erst 1987 im sogenannten Brundtland-Bericht der Vereinten Nationen (UN) wieder verwendet, um langfristige, umweltschonende und nachhaltige Entwicklungen aufzuzeigen. Der Begriff der Generationengerechtigkeit entstand.

In der UN-Konferenz für Umwelt und Entwicklung in Rio de Janeiro 1992 wurde der Begriff der sozialen, ökologischen und ökonomischen Nachhaltigkeit verwendet. In der daraus resultierenden Agenda 21 einigten sich 178 Staaten darauf, umweltpolitische und nachhaltige Leitlinien in ihren Ländern und Kommunen zu erarbeiten und einzuhalten.[2]

Die darauffolgende *Agenda 2030* wurde von den Vereinten Nationen beim Weltgipfel für nachhaltige Entwicklung 2015 in New York verabschiedet und unterteilt sich in 17 Kategorien. Dieser Weltzukunftsvertrag sieht in erster Linie die Bekämpfung von Armut und Hunger, die Sicherheit von Ernährung, Gesundheit und Bildung und die Schonung der Ressourcen Wasser und Energie zur Bekämpfung des Klimawandels vor.[3]

WOLLEN SIE MEHR ERFAHREN?

Publikation: Vereinte Nationen: Ziele für nachhaltige Entwicklung. Bericht 2016, New York 2016, veröff. unter www.un.org/Depts/german/millennium/SDG%20Bericht%202016.pdf [29.05.18]

1713
Hans Carl von Carlowitz' Buch „Sylvicultura oeconomica"

1987
„Brundtland-Bericht" der UN fordert nachhaltige Entwicklungen

1992
UN-Weltgipfel Rio de Janeiro: Beschluss der Agenda 21

2015
UN-Weltgipfel New York: Beschluss der Agenda 2030

1 Begriffsgeschichte

Agenda 2030: Ziele für nachhaltige Entwicklung – 17 „Sustainable Development Goals"

→ AUFGABE 1 A
Ordnen Sie die 17 Ziele für nachhaltige Entwicklung den drei folgenden Aspekten zu.

Sozial nachhaltig	Ökologisch nachhaltig	Ökonomisch nachhaltig

→ AUFGABE 1 B
Welche der 17 Ziele können Sie in Ihrer Berufsausbildung mithelfen umzusetzen? Zählen Sie auf und erläutern Sie.

→ AUFGABE 2
Finden Sie passende Begriffe zu den 14 Buchstaben des Wortes „Nachhaltigkeit".

N _____

A _____

C _____

H _____

H _____

A _____

L _____

T _____
I _____
G _____
K _____
E nergiesparlampe _____
I _____
T _____

2 Das Konzept der Nachhaltigkeit

2.1 Nachhaltiger Klimaschutz

Eindämmung von Erderwärmung und Treibhausgasausstoß

Der natürliche Treibhauseffekt schützt unseren Planeten vor dem Erfrieren und ermöglicht das Leben auf der Erde. Sonnenstrahlen dringen in die Erdatmosphäre ein und treffen auf die Erdoberfläche. Von dort werden sie in Wärmestrahlung umgewandelt zurück ins All reflektiert. Ein Teil dieser Wärmestrahlung wird aber von den Treibhausgasen in der Atmosphäre aufgehalten und erwärmt unseren Planeten auf angenehme Temperaturen.

Gäbe es diese natürliche Schutzschicht aus Treibhausgasen nicht, würden Sonnenstrahlen ungehindert auf die Erdoberfläche treffen und unaufhaltsam wieder ins Weltall entweichen. Der Erde würde die nötige Wärmestrahlung verloren gehen und sie würde buchstäblich erfrieren.

Durch die Zunahme von Treibhausgasen (CO_2, Lachgas, Methan) wird die natürliche Schutzschicht jedoch weniger durchlässig und reflektiert mehr Wärmestrahlung zurück auf die Erde. Dadurch wird der Treibhauseffekt verstärkt und das Klima erwärmt sich.

Seit Beginn der Industrialisierung (ca. 1775) ist die CO_2-Konzentration in der Atmosphäre 40 % höher. Fabriken, Flugzeugen, Autos, Heizsysteme und andere menschengemachte CO_2-Ausstöße haben diesen Anstieg größtenteils verursacht. Denn das Verbrennen fossiler Energiestoffe (Öl, Kohle, Gas) trägt maßgeblich negativ zum Klimawandel bei. Auch die Art und Weise der Energieerzeugung leistet ihren Beitrag zur CO_2-Konzentration in der Atmosphäre: über 50 % des erzeugten Stromes in Deutschland stammen aus Kohlekraftwerken, der Erdgas- und Erdölverbrennung.[4]

Fabriken stoßen schädliche Treibhausgase aus

Hinzu kommt die massenhafte Tierzucht von Schafen und Rindern für den Nahrungsmittelmarkt, die schlecht für den Klimawandel ist, denn die Tiere stoßen schädliches Methan aus. Aber auch Reisfelder oder Fäulniserreger produzieren Methan und verstärken dadurch den Treibhauseffekt.

Bäume wiederum senken die schädlichen Treibhausgase, jedoch wird durch Abholzung dieser praktische Schutzmechanismus zerstört. Auch die Algen in den Ozeanen binden große Mengen CO_2 und entziehen es somit der Erdatmosphäre. Durch die Verschmutzung der Meere geschieht dieser natürliche Prozess immer seltener.

2 Das Konzept der Nachhaltigkeit

Die Folgen sind das Schmelzen der Gletscher und Polarkappen, der Anstieg des Wasserspiegels der Weltmeere und die Zunahme von extremen Wetterereignissen. Starker Regen, Stürme und Hitzewellen sind seit Jahren zu beobachten und diese wirken sich negativ auf die Nahrungsmittelproduktion der Welt aus – Trockenperioden machen den Anbau in äquatornahen Gebieten schwer, anderenorts werden ganze Ernten durch Regen und Sturm zerstört. Manche Inselstaaten und Küstenstädte sind durch den Wasserspiegelanstieg bereits stark bedroht.

Um einen Temperaturmittelwert auf der Erde von 15 °C stabil zu halten, muss die natürliche Schutzschicht geschützt werden. Das *Pariser Klimaschutzabkommen* von 2015 und die *Agenda 2030* (→ S. 10) sehen unter anderem vor, die Erderwärmung unter 2 °C zu halten. Momentan beträgt die Erwärmung 0,8 °C, verglichen mit Werten vor der Industrialisierung. Da sich das ausgestoßene CO_2 jedoch sehr lange in der Erdatmosphäre hält und das Klimasystem langsam arbeitet, ist ein Anstieg momentan nicht aufzuhalten.

Dürre nach Trockenperiode

Bis 2050 haben sich die UN-Staaten zum Ziel gesetzt, die Zwei-Grad-Grenze einzuhalten und „klimaneutral" zu werden, d. h. keine schädlichen Treibhausgase mehr zu produzieren.[5]

FAZIT

Fazit
↓
Der Anstieg von Treibhausgasen wirkt sich negativ auf die Umwelt aus: der Treibhauseffekt wird verstärkt, das Klima erwärmt sich und durch den langen Verbleib in der Atmosphäre lässt sich der Klimawandel nicht aufhalten – nur verlangsamen.
Durch gezielte Maßnahmen wie eine fleischärmere Ernährung, weniger Abholzung der Wälder und Verschmutzung der Meere sowie eine energiesparende Lebensweise würde sich die Erderwärmung bis 2050 unter 2 °C halten lassen.

→ AUFGABE 1

Fertigen Sie anhand der Informationen aus dem Text eine Skizze zum Klimawandel an und beschriften Sie diese mit folgenden Begriffen:
Sonnenstrahlen – Flugzeuge – Fabriken – Auto – Kühe – Treibhausgase – Wärmestrahlen – vereinzelte Bäume – Schutzschicht mit Treibhausgasen

→ AUFGABE 2
Beantworten Sie folgende Fragen:

1. Wieso kann eine fleischarme Ernährung zum Klimaschutz beitragen?
2. Sind Ihnen Anzeichen der Erderwärmung aufgefallen? Beschreiben Sie.
3. Wieso müssen die Länder der Welt zusammen am Klimaschutz arbeiten?
4. Welche Bedrohung könnte der Klimawandel für die Tierwelt haben?

→ AUFGABE 3
Nennen Sie fünf „saubere" Energiequellen, die kein CO_2 ausstoßen.

_____
_____
_____
_____

→ AUFGABE 4
Vervollständigen Sie die Mindmap mit Stichpunkten zum Thema.

2.2 Nachhaltiger Konsum

Konsum bedeutet das Erwerben und das Gebrauchen bzw. Verbrauchen von Gütern aller Art. Nachhaltiger Konsum bedeutet Konsumieren nach sozialen, ökologischer oder ökonomischen Gesichtspunkten. Persönliche Überzeugungen und Einstellungen zu Umwelt- und Tierschutz sowie Menschenrechten sind Grundvoraussetzungen, um einen nachhaltigen Lebensstil einzuleiten. Bewusste Kaufentscheidungen beeinflussen das Verhalten von Unternehmen und steuern die Wirtschaft.

Nachhaltiger Konsum fängt mit dem Hinterfragen des Konsums und mit Kaufüberlegungen an. Doch nicht nur der eigentliche Kauf, sondern auch der Gebrauch ist Teil des Konsumverhaltens. Wird mit Gütern achtsam umgegangen wird die Lebensdauer verlängert und ein erneuter Konsum kann hinausgezögert werden oder wird gar nicht nötig.

2 Das Konzept der Nachhaltigkeit

Konsum bedeutet jedoch nicht immer auch einen Neukauf. Auch durch Gebrauchtkauf, Leihen, Tauschen oder Eigenproduktion können Güter konsumiert und verbraucht werden. Diese Art des Konsums ist ressourcenschonender und daher nachhaltiger als ein Neukauf.

> **FAZIT** **Vier Stufen des nachhaltigen Konsums** ↓
> 1. Konsum kritisch überdenken, Konsumverzicht üben
> 2. Planungen und Überlegungen vor dem Kauf bzw. der Beschaffung anstellen
> 3. Konsum sozial, ökologisch und/oder ökonomisch nachhaltig gestalten
> 4. Mit dem Konsumgut achtsam bzw. sparsam umgehen und Neuanschaffungen vermeiden

⟶ **AUFGABE 5**

Finden Sie für die vier Stufen des nachhaltigen Konsums jeweils zwei Beispiele.

_____
_____
_____
_____
_____
_____
_____
_____

⟶ **AUFGABE 6 A**

Führen Sie ein Konsumtagebuch über sieben Tage. Schreiben Sie jede Art von Konsum auf und addieren Sie die Ausgaben.

→ Konsumtagebuch, S. 15

⟶ **AUFGABE 6 B**

Schraffieren Sie die Felder in Ihrem Konsumtagebuch nach folgenden Kriterien:

Grün Konsum war dringend notwendig
Gelb Konsum war bedingt notwendig
Rot Konsum war unnötig

⟶ **AUFGABE 6 C**

Welche Güter hätten Sie anderweitig beschaffen können? Wählen Sie zehn aus und tragen Sie sie in die Felder der Konsumpyramide ein.

→ Konsumpyramide, S. 16

⟶ **AUFGABE 6 D**

Wieso ist die Hierarchie des Konsums in der Form einer Pyramide dargestellt? Erklären Sie mit Ihren eigenen Worten.

⟶ **AUFGABE 7**

Was versteht man unter einer geplanten Obsoleszenz? Erklären Sie kurz.

_____

1 | Nachhaltigkeit

_____
_____
_____
_____
_____
_____

WOLLEN SIE MEHR ERFAHREN?

TV-Dokumentation: „Kaufen für die Müllhalde" von Cosima Dannoritzer, 75 Minuten, 2010

Konsumtagebuch vom _____ **bis** _____

Ausgaben	Ernährung	Non-Food	Kleidung und Schuhe	Freizeitgestaltung	Andere Ausgaben
	Supermarkt-, Wochenmarkteinkauf, Restaurantbesuch, Coffee to go …	Drogerie- und Hygieneartikel, Kosmetikprodukte, Haushaltswaren, Medikamente, Augenlinsen …	Unterwäsche, Accessoires, Schmuck, Uhren …	Zeitschriften, Bücher, Eintrittskarten, Sportstudio, Material für Hobby …	Tanken, öffentlicher Nahverkehr, Friseur, Spenden Schreibwaren, Schnittblumen, Geschenke …
Tag 1 _____					
Tag 2 _____					
Tag 3 _____					
Tag 4 _____					
Tag 5 _____					
Tag 6 _____					
Tag 7 _____					
Gesamt _____					

2 Das Konzept der Nachhaltigkeit

Konsumpyramide

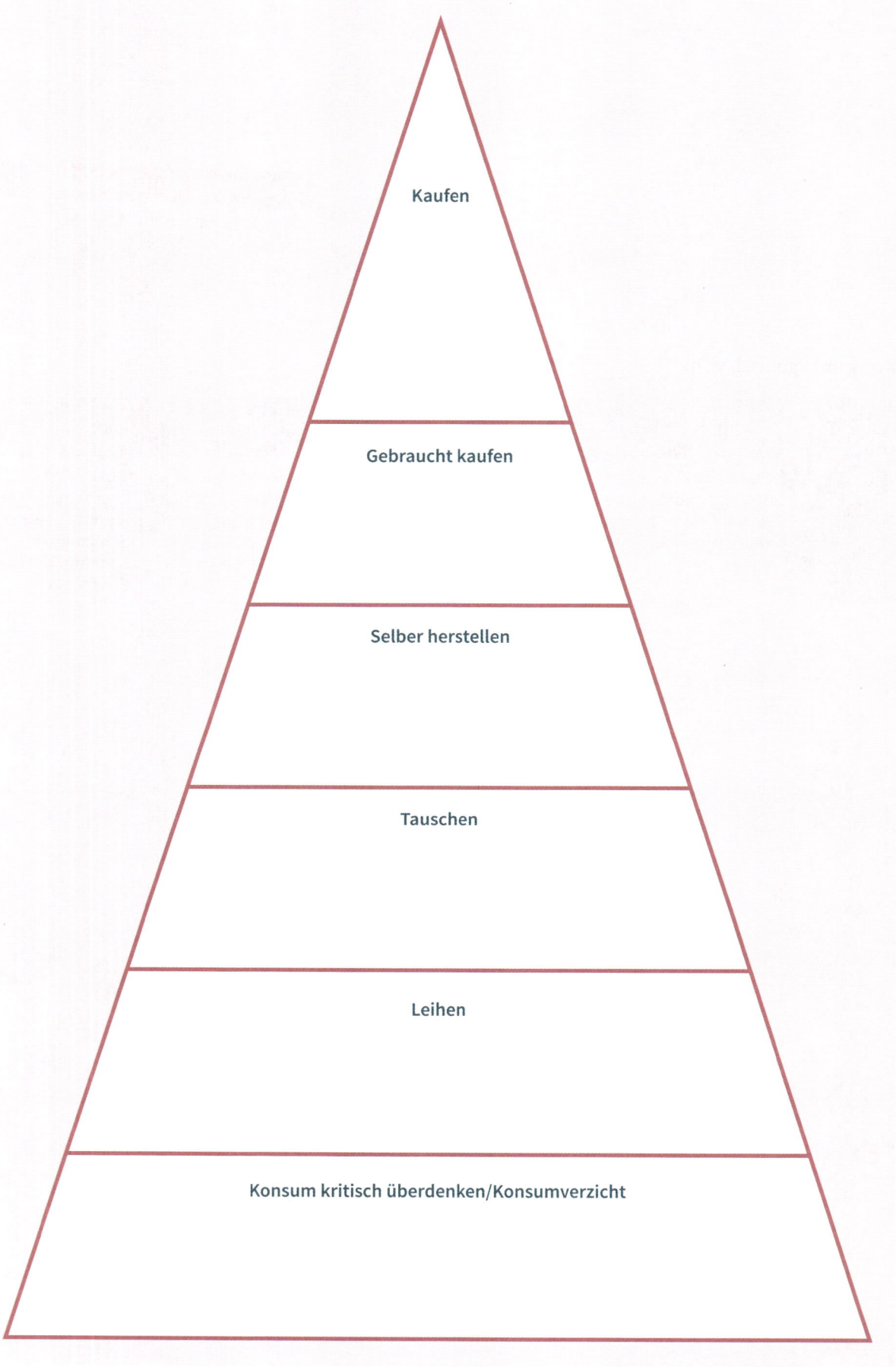

EXKURS
Der ökologische Fußabdruck – eine Veranschaulichung des weltweiten Ressourcenverbrauchs

Leben wir auf zu großem Fuß?

Mit der Berechnung des ökologischen Fußabdruckes lässt sich errechnen, wie viele Ressourcen ein Mensch bzw. eine Nation auf der Erde „verbraucht".[6] Man kann damit aufzeigen, welche Auswirkungen der Konsum von Gütern und Dienstleistungen auf die Natur hat.

Als Maßeinheit dient dazu der globale Hektar, welcher die durchschnittliche weltweite biologische Produktivität vor einem Hektar Erdoberfläche (ohne Wasser- und Trockenfläche sowie bebauter Fläche) angibt. So können weltweit sehr unterschiedliche Flächen verglichen werden. Außerdem stellt der globale Fußabdruck einen Zusammenhang zwischen individuellem Konsum und globalen Ressourcen her.

Die Wissenschaftler Mathis Wackernagel und William E. Rees arbeiten seit 1994 an dem Konzept des ökologischen Fußabdruckes. Die daraus entstandene *Organisation Global Footprint Network* errechnet unter anderem jedes Jahr den „Overshoot-Day" – den Ökoschuldentag. An diesem Tag sind die Ressourcen für ein Jahr aufgebraucht. Im Jahr 2016 war der Ökoschuldentag am 8. August. Umgerechnet bedeutet das, dass die Welt 1,6-mal mehr Erdfläche benötigen würde, als vorhanden ist; Deutschland sogar 3,1-mal mehr.[7]

→ AUFGABE 1

Recherchieren Sie für folgende Jahre den Ökoschuldentag.

1980: _____

1990: _____

2000: _____

2010: _____

2020: _____ (Schätzung)

2030: _____ (Schätzung)

Geben Sie die Quelle Ihrer Daten an.

_____

_____

_____

_____

_____

_____

→ **AUFGABE 2**

Machen Sie den Test! Berechnen Sie Ihren ökologischen Fußabdruck online:

- *Fußabdrucktest* von Brot für die Welt (2016)
www.fussabdruck.de

oder

- *Footprint Calculator* von Global Footprint Network (2017)
www.footprintcalculator.org (Land Schweiz auswählen, deutsche Sprache verfügbar)

WOLLEN SIE MEHR ERFAHREN?
TV-Dokumentation: „So viel lebst du" von Michael Dörfler, 75 Minuten, 2008

Gegenüberstellung der verbrauchten „Erden"

2 Nachhaltig kochen und backen

1 Die nachhaltige Küche

1.1 Nachhaltigkeit bei der Küchenplanung

1.1.1 Nachhaltige Materialien

Die Küche hat sich in den letzten Jahrzehnten vom abgeschlossenen, funktionalen Ort der Speisenzubereitung zu einem vollwertigen Wohnraum entwickelt, der durch seine offene Bauweise oft in Ess- und Wohnzimmer integriert ist. Den neuen Stellenwert der Küche kann man an der mannigfaltigen Auswahl erkennen. Beim Neukauf einer Küche kann nicht nur bei den Elektrogeräten auf Nachhaltigkeit geachtet werden. Heimische Hölzer sollten bei den Küchenfronten und Arbeitsplatten gegenüber Kunststoffen bevorzugt werden. Zertifizierungen für Holz aus nachhaltiger Forstwirtschaft sind das FSC-Gütesiegel der internationalen Non-Profit-Organisation Forest Stewardship Council und das europäische Zertifizierungssystem PEFC (Programme for the Endorsement of Forest Certification Schemes).

⟶ **AUFGABE 1**
Skizzieren Sie das FSC-Gütesiegel und das PEFC-Gütesiegel für Holz aus nachhaltiger Forstwirtschaft.

FSC-Gütesiegel	PEFC-Gütesiegel

Für eine nachhaltige Küche sollte auch bei der Neuanschaffung von Arbeitsgeräten, Küchenhelfern und sonstigem Kochzubehör auf Kunststoff weitestgehend verzichtet und auf nachhaltige Materialien zurückgegriffen werden.

⟶ **AUFGABE 2**
Recherchieren Sie und versuchen Sie eine Zuordnung der Materialien.

① nachhaltig   ② sollte bei Neukauf vermieden werden

- ◯ Bambus
- ◯ Glas
- ◯ Gusseisen
- ◯ Teflon
- ◯ Edelstahl

- ◯ Kunststoff
- ◯ Email
- ◯ Tropenholz
- ◯ Keramik
- ◯ Aluminium

1 Die nachhaltige Küche

Holz, Glas, Porzellan und Metall: nachhaltige Materialien in der Küche

→ AUFGABE 3 A

Erkunden Sie Ihre eigene Küche zu Hause, die Schulküche oder eine Großküche und vervollständigen Sie die Tabelle.

	Küchenmöbel und Arbeitsplatte	Küchenhelfer, Arbeitsgeräte, Kochgeschirr	Vorratshaltung und Frischhalten/Einfrieren von Lebensmitteln
Alter			
Kaufüberlegung			
Art der Beschaffung: Neukauf, Gebrauchtwaren, Geschenk			
Material: Holz, Glas, Metall, Kunststoff (Plastik, Folie), Einwegartikel			

→ AUFGABE 3 B

Bewerten Sie die Küche und ihre Ausstattung hinsichtlich ihrer Nachhaltigkeit. Begründen Sie Ihre Bewertung.

FAZIT

Fazit

↓

Eine Küche sollte nicht umgerüstet werden, nur damit sie „nachhaltig" ist. Auf diese Weise wird unnötig konsumiert! Nachhaltiger ist die Verwendung von bereits Bestehendem oder die Anschaffung von Gebrauchtwaren. Bei notwendigen Neukäufen sollte auf Qualität, Langlebigkeit und nachhaltiges Material geachtet werden.

1.1.2 Nachhaltige Küchengeräte

Über 50 % unserer Energie wird durch die Verbrennung fossiler Brennstoffe wie Kohle, Öl oder Gas erzeugt. Diese Art der Energiegewinnung trägt negativ zur Erderwärmung und dem daraus resultierenden Klimawandel bei. Stromsparmaßnahmen reduzieren den Energieverbrauch und tragen zu einer nachhaltigen Lebensweise bei.

Folgende Faktoren beeinflussen den Energieverbrauch im Haushalt:

- Größe des Haushalts
- Art des Haushalts (Wohnung oder Einfamilienhaus)
- Arten von Heizungen für Räume und Wasser (Strom, Öl, Gas etc.)

So kann es sein, dass ein Mehrfamilienhaus weniger Strom pro Kopf verbraucht als ein Single-Haushalt, da man sich stromintensive Großgeräte (z. B. Kühlschrank) im Mehrkopfhaushalt teilt.

⟶ AUFGABE 4

Bringen Sie die einzelnen Kategorien zum Stromverbrauch im Privathaushalt in eine Reihenfolge. Ordnen Sie absteigend, beginnend mit den stromintensiven Geräten.

Kühl- und Gefriergeräte – Waschmaschinen und Trockner – Herd und Backofen – Spülmaschine – Audio- und TV-Geräte – Kleingeräte, z. B. Bügeleisen, Staubsauger – Licht

1. _____
2. _____
3. _____
4. _____
5. _____
6. _____
7. _____

⟶ AUFGABE 5 A

Informieren Sie sich über die Energieeffizienzklassen des EU-Energielabels für Elektrogeräte. Was fließt in die Bewertung der Energieeffizienz ein? Notieren Sie das Wichtigste in Stichpunkten am Beispiel von Kühl- und Gefriergeräten.

_____
_____
_____
_____
_____

1 Die nachhaltige Küche

→ AUFGABE 5 B
Zeichnen Sie das EU-Energielabel und beschriften Sie die Skala mit den einzelnen Energieeffizienzklassen.

→ AUFGABE 6 A
Vergleichen Sie zwei möglichst identische Geräte (Größe, Leistung) mit unterschiedlichen Energieeffizienzklassen: A und A+++. Gehen Sie dazu in ein Fachgeschäft oder recherchieren Sie online.

Jährlicher kWh-Verbrauch Gerät 1 mit Klasse A:

_____ kWh

Jährlicher kWh-Verbrauch Gerät 2 mit Klasse A+++:

_____ kWh

→ AUFGABE 6 B
Wie viel Geld können Sie bei dem Gerät mit der Energieeffizienzklasse A+++ im Jahr sparen?

Kosten für 1 kWh in Ihrer Privatwohnung: _____ €

Kosten für jährlichen kWh-Verbrauch Gerät 1 mit Klasse A: _____ €

Kosten für jährlichen kWh-Verbrauch Gerät 2 mit Klasse A+++: _____ €

Ersparnis: _____ €

> **FAZIT**
>
> **Fazit**
> ↓
> Der Kauf von Billiggeräten sollte vermieden werden. Im Vorfeld ist es hilfreich, sich hinsichtlich Qualität, Art, Größe und Bedarf gründlich zu informieren und bei der Kaufentscheidung auf eine hohe Energieeffizienzklasse (A+++) zu achten.

→ AUFGABE 7
Vervollständigen Sie folgende Aussagen mithilfe geeigneter Quellen. Recherchieren Sie dazu im Internet oder besuchen Sie ein Fachgeschäft.

1. Der Kühlschrank sollte nicht unmittelbar neben Herd oder Geschirrspüler stehen und nicht direkter Sonneneinstrahlung ausgesetzt sein, da _____
   _____
   _____ .

2. Eine Glastür am Kühlschrank ist sinnvoll, weil _____
   _____
   _____ .

3. Die Größe und das Volumen des Kühlschranks und des Gefriergeräts sollten dem Haushalt und dem Bedarf angepasst werden, da _____ .

4. Die Breite des Geschirrspülers (45 oder 60 cm) entscheidet über _____ .

5. Auf verschiedene Programme (Strom-, Wasserverbrauch) beim Geschirrspüler sollte geachtet werden, da _____ .

6. Das Beheizungssystem des Kochfeldes (Gas-, Elektro- oder Induktionsherd) entscheidet über den _____ .

Wie sinnvoll sind Kleingeräte in der Küche?

Kleingeräte lassen sich aus der Küche nicht mehr wegdenken. Sinnvoll ist deren Anschaffung allerdings nur, wenn sie regelmäßig benutzt werden. Somit sollte man sich vor dem Kauf fragen, wie oft man tatsächlich Kleingeräte wie den Smoothie-Maker, einen Eierkocher oder den Tischgrill benutzt.

WUSSTEN SIE?
Regelmäßiges Entkalken (→ Kapitel 2, 1.2.1, S. 25) von Wasserkocher, Kaffeemaschine und Bügeleisen spart Energie!

Küchenkleingeräte – unnötig oder unverzichtbar?

→ AUFGABE 8 A
Zählen Sie weitere Kleingeräte auf und notieren Sie diese.

Wasserkocher, Mikrowelle, Toaster, _____

1 Die nachhaltige Küche

→ AUFGABE 8 B
Überdenken Sie den Nutzen von diesen Geräten und diskutieren Sie in der Gruppe über deren Verwendung.

> **Fazit** ↓
>
> Jede Neuanschaffung von Kleingeräten sollte im Vorfeld überdacht werden. Besser geeignet sind Kombigeräte, z. B. Küchenmaschine mit diversen Aufsätzen oder Waffeleisen mit austauschbaren Eisen.

> **TIPP — Energiesparen im Haushalt**
> - Nutzen Sie Ökoprogramme bei Spülmaschine, Waschmaschine und Trockner!
> - Schalten Sie nur ein, wenn diese wirklich voll sind!
> - Trocknen Sie Wäsche im Sommer an der Luft!
> - Nutzen Sie Steckerleisten mit An-/Ausschalter!
> - Vermeiden Sie die Stand-by-Funktion bei Elektrogeräten!
> - Nutzen Sie Energiesparlampen!
> - Regulieren Sie die Helligkeit von TV-Geräten und PC-Bildschirmen!

1.2 Ressourceneinsparung bei der Zubereitung

1.2.1 Energie

Ressourcen lassen sich nicht allein durch energieeffiziente Geräte einsparen, sondern auch durch Wahl einer energiesparenden Garmachungsart und der Verwendung des geeigneten Gerätes.

→ AUFGABE 9
Bringen Sie 1 Liter Wasser und zum Vergleich 3 Liter Wasser zum Kochen. Halten Sie Ihre Erfahrungen und Ergebnisse in tabellarischer Form fest. Ermitteln Sie den Verbrauch mit einem Strommessgerät oder lesen Sie den Stromzähler ab. Stellen Sie dabei sicher, dass keine anderen Geräte Strom ziehen.

1 Liter Wasser	Heizstab	Wasserkocher	Mikrowelle	Herd		
				Elektro	Gas	Induktion
Ankochzeit						
Energieverbrauch						
Kosten						
3 Liter Wasser	**Heizstab**	**Wasserkocher**	**Mikrowelle**	**Herd**		
				Elektro	Gas	Induktion
Ankochzeit						
Energieverbrauch						
Kosten						

> **Fazit** ↓
>
> Für kleinere Mengen Wasser ist _____ die energiesparendste Methode,
>
> für größere Mengen empfiehlt sich das Ankochen mit _____ .
>
> Für eine Tasse Teewasser ist _____ die ressourcenschonendste Variante.

→ AUFGABE 10
Kreuzen Sie an: richtig oder falsch?

		richtig	falsch
1.	Das Erhitzen von Speisen in der Mikrowelle ist effizienter als das Aufwärmen im Backofen.	○	○
2.	Die Backofenfunktion „Ober- und Unterhitze" ist am energiesparendsten.	○	○
3.	Bei der Benutzung des Schnellkochtopfes lässt sich nicht nur Zeit, sondern auch Energie sparen.	○	○
4.	Wasser kocht im Wasserkocher schneller als im Topf auf dem Herd.	○	○
5.	Ein Metallwasserkocher ist energiesparender als ein Modell aus Plastik.	○	○
6.	Bei größeren Wassermengen empfiehlt sich das Ankochen auf dem Herd.	○	○
7.	Gas- oder Induktionsherde sind energiesparender als Elektroherde.	○	○

TIPP

Energiesparen in der Küche
- Halten Sie Ordnung im Kühlschrank – räumen Sie ihn nach Möglichkeit immer gleich ein! Das erspart langes Suchen und unnötiges Öffnen.
- Drehen Sie die Kühltemperatur in Kühl- oder Gefrierschrank ein paar Grad höher!
- Achten Sie auf intakte Dichtungen bei Kühlschränken und Herden!
- Nutzen Sie Nachwärme bei Herd und Backofen. Schalten Sie frühzeitig zurück oder sogar ganz aus!
- Achten Sie auf eine gute Qualität bei Töpfen und Pfannen: dicke, ebene Böden, passende Deckel und natürlich die Benutzung der richtigen Herdplatte tragen zum Energiesparen bei!
- Entkalken Sie Wasserkocher und Kaffeemaschine regelmäßig!
- Zerkleinern Sie Lebensmittel (z. B. Kartoffeln) vor dem Garen, das verkürzt die Garzeit – eingeweichte Hülsenfrüchte benötigen ebenso eine kürzere Kochzeit!

1.2.2 Wasser

Beim Zähneputzen nicht das Wasser laufen lassen! – Schon vor Jahrzehnten hat man in der Grundschule gelernt, dass man mit der Ressource Wasser sparsam umgehen soll. 124 Liter Wasser verbrauchen wir in Deutschland durchschnittlich pro Kopf.[1] Das ist unter dem europäischen Durchschnitt. Die Grundwasserversorgung in Deutschland ist nicht gefährdet, jedoch wird viel Energie für das Pumpen, Erwärmen und Reinigen benötigt.

→ AUFGABE 11
Schon ein paar kleine Veränderungen im Alltag können helfen, Ressourcen zu sparen. Formulieren Sie zu den Abbildungen Regeln, wie Sie in der Küche Wasser einsparen können.

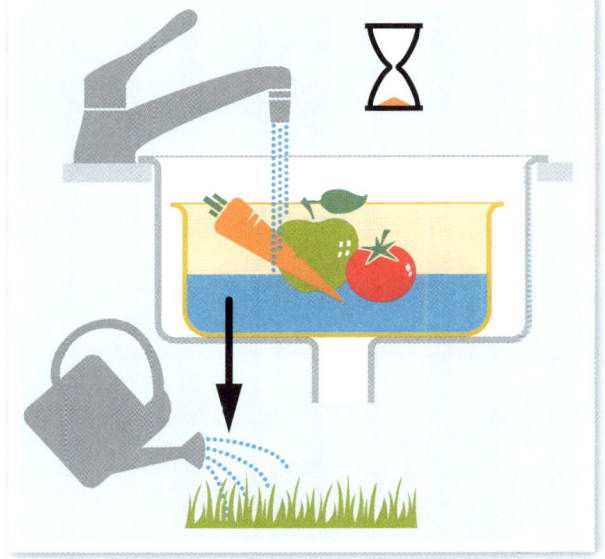
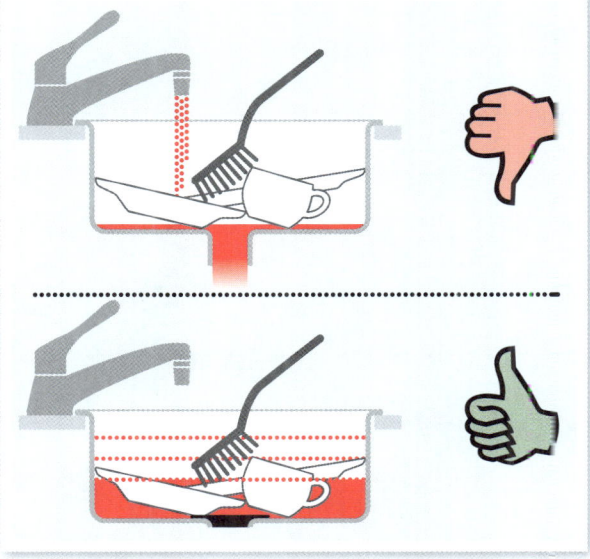

1 Die nachhaltige Küche

„Virtuelles Wasser"

Wasser wird in Form von unsichtbarem, „virtuellem Wasser" verbraucht. Damit ist jenes Wasser gemeint, das benötigt wird, um Baumwolle anzubauen, Reisfelder zu bewässern, Jeans einzufärben oder Lebensmittel in großen Gewächshäusern zu bewässern. Über 4 000 Liter am Tag „verbraucht" jede/-r Deutsche dadurch.[2] Diese Wasserverschwendung kann reduziert werden, indem man auf saisonale und regionale Produkte zurückgreift, gezielt Kleidung konsumiert und weniger Fleisch isst.

Wasserverbrauch und Wasserfußabdruck

FAZIT **Fazit**
↓
Mit Wasser, insbesondere Warmwasser sollte man sparsam umgehen, da für die Aufbereitung Energie benötigt wird. Durch eine nachhaltige Lebensweise und einen gezielten, kritischen Konsum kann man „virtuelles Wasser" einsparen.

EXKURS
Kochen wie mit Omas Kochkiste

Der Vorgänger der heutigen Einbauküche ist der von der Architektin Margarete Schütte-Lihotzky im Jahr 1926 entworfene Hauswirtschaftsraum „Frankfurter Küche".[3] Die Planung der Küche war sachlich, funktional und sollte eine rationelle Arbeitsweise ermöglichen. Über 10 000-mal wurde die Küche in Frankfurter Wohnungen verbaut.

Neben vielen bequemen Einbauten (Bügelbrett, Küchenabfallschublade, Abtropfgestell) wurde auch eine Kochkiste zum Garen von Speisen miteingeplant. Da zu Beginn des 19. Jahrhunderts Brennmaterial knapp und teuer war, wurde nach Möglichkeiten gesucht, um Energie einzusparen und die berufstätige Hausfrau zu entlasten.

„Frankfurter Küche", 1926

Wie funktionierte die Kochkiste?

Zuerst wurden die Speisen auf dem Herd angekocht, um sie danach für mehrere Stunden in eine isolierte Kiste zu packen. Die Isolation bestand aus Stroh, warmen Decken oder Kissen. Hatte man keine Kiste, so stellte man den Topf einfach direkt ins warme Federbett.

→ AUFGABE 1
Kochen Sie Kartoffeln oder Reis: Nach einem Viertel der Kochzeit auf dem Herd nehmen Sie den Topf, packen ihn in ein paar warme Handtücher oder Decken und stellen ihn in Ihr Bett. Das Gargut ist nach ein paar Stunden verzehrbar und wird zudem warmgehalten.

> **WOLLEN SIE MEHR ERFAHREN?**
> Bauen Sie einen Solarkocher! Im Internet finden Sie Bauanleitung, Handhabung und Funktionsweise.

Kochkiste

2 Der nachhaltige Einkauf

2.1 Lokale und saisonale Produkte

Es werden mehr Lebensmittel nach Deutschland importiert als exportiert. Zum einen fehlt in der Bundesrepublik die Anbaufläche für die Landwirtschaft, zum anderen legen Verbraucher Wert auf ein üppiges Warenangebot im Supermarkt. Erdbeeren im Winter oder Rindfleisch aus Argentinien – alles ist zu jeder Zeit verfügbar.

Schätzungen zufolge fallen etwa ein Fünftel der Treibhausgas-Emissionen in Deutschland auf den Ernährungssektor.[4] Einen erheblichen Anteil daran hat die Landwirtschaft selbst. Aber insbesondere der Transport der Lebensmittel schlägt hier stark zu Buche: Flugzeuge und Lkw liefern den größten Teil unserer Nahrung. Und diese verbrauchen beträchtliche Mengen Treibstoff, produzieren Abgase und tragen so negativ zur globalen Erderwärmung bei.

Nicht nur das Einfliegen exotischer Früchte, auch die Aufzucht von Gemüse und Obst im Gewächshaus, unter Folie oder Glasdach verbraucht Ressourcen in Form von fossiler Heizenergie, meist Öl. Das Beheizen von Treibhäusern setzt 30-mal mehr Treibhausgase frei als der Anbau von Gemüse im Freiland.

Gewächshaus mit künstlicher Beleuchtung

→ AUFGABE 1

Ordnen Sie die Erklärungen den Aussagen zu. Begründen Sie Ihre Zuordnung mündlich in der Gruppe. Eine Zuordnung zu beiden Aussagen ist möglich.

① Wenn ich saisonale Produkte kaufe …   ② Wenn ich lokale Lebensmittel aus der Region kaufe …

○ … trage ich positiv zum Klimawandel bei.

○ … haben die Lebensmittel einen höheren Nährwert.

○ … entwickle ich einen abwechslungsreichen Speiseplan.

○ … unterstütze ich die heimische Landwirtschaft.

○ … verringere ich Verpackungsmüll.

○ … reduzieren sich Kühlhauskosten.

○ … vermeide ich CO_2-Emissionen durch den Transport.

TIPP Installieren Sie sich die kostenlose App des Bundeszentrum für Ernährung (BZfE): **Saisonkalender** auf Ihrem Smartphone, um Haupterntezeiten und Marktangebote zu erfahren.

→ AUFGABE 2 A

Erstellen Sie eine kurze Übersicht der Lebensmittel, die Sie in Ihrem Gebiet aus regionalem Anbau oder regionaler Herstellung beziehen können.

_____

_____

_____

_____

2 Der nachhaltige Einkauf

→ **AUFGABE 2 B**
Wann hat das lokale Obst und Gemüse Saison? Nennen Sie 8 Beispiele. Nutzen Sie einen Saisonkalender oder die BZfE Saisonkalender-App.

_____
_____
_____
_____

→ **AUFGABE 3**
Nennen Sie Orte, wo Sie Lebensmittel aus der Region beziehen können.

Gemüse und Obst vom Wochenmarkt

FAZIT

Regional und lokal einkaufen!

Mit dem gezielten Einkauf von regionalen und lokalen Erzeugnissen leisten Konsumenten einen großen Beitrag zum Schutz des Klimas. Zudem kann man versuchen, den eigenen Konsum von eingeflogenen Lebensmitteln zu reduzieren und auf Güter zu verzichten, die nicht in unseren Breitengraden angebaut werden können, z. B. Kaffee, Quinoa oder Mango.

Saisonal einkaufen!

Saisonal und im Freiland angebautes Gemüse unterscheidet sich nicht nur in Qualität, Aussehen und Geschmack, es ist zudem reicher an Vitaminen und sekundären Pflanzenstoffen. Wer klimaschonend einkaufen will, achtet auf kurze Transportwege auch innerhalb Deutschlands. Orientierung bei der Lebensmittelzubereitung bietet auch der Saisonkalender. → Saisonkalender-App, S. 29

2.2 Ökologische Landwirtschaft

Ressourcenschonend, nachhaltig und artgerecht – das sind die Grundsätze der ökologischen Landwirtschaft und Viehzucht. Etwa 6,5 % der Ackerflächen in Deutschland werden ökologisch bewirtschaftet, die Bundesregierung möchte in absehbarer Zukunft auf einem Fünftel der deutschen Anbauflächen biologische Landwirtschaft betreiben.[5]

Bio-Siegel

EU-Bio-Logo

2 | Nachhaltig Kochen und Backen

→ AUFGABE 4
Füllen Sie die Lücken im Text.

Bodenfruchtbarkeit – globale Erderwärmung – Dung – Kohlendioxid – chemische Pflanzenschutzmittel – Ernterste – Gewässerverschmutzung – Fruchtfolge

Durch einen nahezu geschlossenen Nährstoffkreislauf wird auf _____

_____ verzichtet, stattdessen werden _____

und _____ auf dem Acker ausgebracht. Dadurch nimmt auch die

_____ erheblich ab.

Eine abwechslungsreiche _____ fördert die _____,

dadurch wird mehr _____ in der Erde gespeichert. Je mehr CO₂ der Atmosphäre

entzogen wird, desto positiver wirkt sich das auf den Treibhauseffekt und die _____ aus.

→ AUFGABE 5
Welche Kriterien gibt es außerdem beim ökologischen Landbau und der Viehzucht? Vervollständigen Sie die Wörter.

- Verzicht auf H__rm_____ und __nti_____tik__

- Kein Einsatz von g____tech_____ verändertem __aa__gut

- Fütterung der Tiere mit (möglichst) sel__st____zeu_____ Futter

- Flächenabhängige _____halt_____

Für den Bauern bedeutet diese Form der Landwirtschaft mehr Aufwand und höhere Kosten, jedoch weniger Erträge – dies wirkt sich auf den Preis der Lebensmittel aus: Sie sind teurer als Produkte konventioneller Landwirtschaft.

→ AUFGABE 6
Wie lassen sich die Ausgaben für biologisch erzeugte Lebensmittel für den Verbraucher geringer halten? Begründen Sie.

1. Beim Erzeuger einkaufen: _____

_____

_____

2. Saisonware kaufen: _____

_____

_____

3. Bio-Kisten bestellen: _____

_____

2 Der nachhaltige Einkauf

4. Ernteerträge von Garteninitiativen: _____

_____

_____

5. Vorräte anlegen: _____

_____

_____

> **FAZIT**
>
> **Fazit**
> ↓
> Ökologisch angebaute Lebensmittel, die direkt vom Hof oder Markt (lokal) bezogen oder im Supermarkt (regional – auf Etikett achten!) gekauft werden und außerdem aus der entsprechenden Saison stammen, sind am nachhaltigsten für die Umwelt. Wasser, Luft, Boden und Energie werden in dieser Kombination am besten geschont.

2.3 Ethisch korrekt gehandelte Lebensmittel

Fair-Trade-Organisationen sind Handelspartnerschaften, die gerechtere und bessere Bedingungen im internationalen Handel anstreben. Die Unterstützung der Erzeuger im Ursprungsland ist dadurch garantiert.

Fairtrade-Siegel

→ AUFGABE 7
Ordnen Sie folgende Standards den Säulen der Fair-Trade-Bewegung zu.[6]

① sozial   ② ökonomisch   ③ ökologisch

○ Zahlung von Mindestpreisen

○ Sicherung der Rechte (keine Ausbeutung, Sklavenarbeit)

○ Hilfe bei der Finanzierung von Projekten (Investitionen)

○ Verbot von Kinderarbeit

○ Fairer und respektvoller Umgang mit Handelspartnern (Kleinbauern)

○ Soziale Absicherung (Krankenversicherung etc.)

○ Verbesserte Arbeitsbedingungen (sicher, gesundheitsverträglich)

○ Gleichberechtigung von Frauen (gleiche Lohnzahlungen)

○ Unterstützung bei Vermarktung der Produkte

○ Einhaltung von Umweltstandards

○ Verzicht auf schädliche Pflanzenschutzmittel

○ Förderung der biologischen Landwirtschaft (Mithilfe bei der Umstellung)

→ **AUFGABE 8**
Nennen Sie typische Produkte aus dem fairen Handel.

_____

_____

_____

_____

_____

Produkte aus fairem Handel

FAZIT | **Fazit**
↓
Der faire Handel ist eine nachhaltige Investition in die Zukunft der Landwirte und Kleinbauern und in die Umwelt weltweit.

3 Nachhaltige Ernährungsstile und -gewohnheiten

3.1 Fleischarme Ernährung

Die Produktion von Fleisch- und Wurstwaren ist eine enorme Belastung für unser Klima. Mehr als zwei Drittel der Agrarfläche weltweit wird für Fleischerzeugung benötigt, das restliche Drittel dagegen für den Anbau pflanzlicher Lebensmittel. Das führt dazu, dass Lebensmittel tierischer Herkunft 70 % der Treibhausgasemissionen verursachen, die durch unsere Ernährung entstehen; bei Lebensmitteln pflanzlicher Herkunft liegt dieser Wert bei 30 %.[7]

Nachteilig für Klima und Umwelt ist das für die Ozonschicht schädliche Lachgas, das in der Landwirtschaft und Tierhaltung bei der Ausbringung stickstoffhaltiger Düngemittel entsteht. Das Treibhausgas ist 300-mal schädlicher als CO_2. Zudem entsteht beim Verdauungsprozess der Kühe Methan, ein weiteres Treibhausgas, das sich durch die Massentierhaltung negativ auf das Klima auswirkt. Außerdem werden die Grundwässer durch Gülle (Nitrat- und Phosphat) belastet.

Darüber hinaus entsteht eine indirekte CO_2-Belastung durch den Kauf von Kraftfutter (meist aus Soja) aus dem weltweiten Ausland. Zusätzlich zu den klimaschädlichen Transportkosten werden für die Anbauflächen nicht selten ganze Wälder abgeholzt, die der Atmosphäre auf natürlichem Weg CO_2 entziehen könnten. Ein weiterer wesentlicher Aspekt der Abholzung ist der Rückgang der Artenvielfalt in diesen Regionen.

Viehtransporter verursacht CO_2-Ausstoß

WUSSTEN SIE?
Die Deutsche Gesellschaft für Ernährung (DGE) empfiehlt einen wöchentlichen Fleischkonsum von ca. 450 g. Das entspricht einem sehr großen Rinderfiletstück. Momentan wird in Deutschland das Doppelte verzehrt. Geflügelfleisch ist dem Fleisch von Wiederkäuern (Rind, Schaf und Ziege) vorzuziehen.

3 Nachhaltige Ernährungsstile und -gewohnheiten

> **FAZIT** **Fazit**
> ↓
> Der übermäßige Fleisch- und Wurstverzehr belastet die Umwelt: Treibhausgase entstehen (Lachgas, Methan, CO_2), Grundwasser wird verschmutzt, Wälder abgeholzt und die Vielfalt der Arten nimmt ab. Wer den eigenen Fleischkonsum verringert, trägt zu einem nachhaltigen Lebensstil bei.

⟶ AUFGABE 1

Nennen Sie direkte und indirekte Umweltschäden, die durch den Fleischverzehr entstehen. Beachten Sie auch den Transport, die Weiterverarbeitung und die Lagerung von Fleischwaren.

_____

_____

_____

_____

_____

_____

> **TIPP** **Tipps für eine nachhaltige Ernährung**
> - Verwenden Sie möglichst unverarbeitete Lebensmittel, die in der Region erzeugt wurden.
> - Achten Sie auf die Saison von Obst und Gemüse und konsumieren Sie wenig Fleischerzeugnisse.
> - Kaufen Sie, wenn möglich, biologisch erzeugte und fair gehandelte Lebensmittel.
> - Vermeiden Sie, so gut es geht, Verpackungen.
> - Werfen Sie keine Lebensmittel weg. Verwenden Sie Übriggebliebenes an den darauffolgenden Tagen.

⟶ AUFGABE 2 A

Erarbeiten Sie einen Wochenspeiseplan. Beachten Sie dabei die Tipps für eine nachhaltige Ernährung.
→ Wochenspeiseplan, S. 35

⟶ AUFGABE 2 B

Erstellen Sie auf der Grundlage Ihres Wochenspeiseplans eine Einkaufsliste. Wo beziehen Sie die Lebensmittel, wie weit ist der Anfahrtsweg und wie legen Sie ihn zurück?
→ Einkaufsliste, S. 36

Wochenspeiseplan

Tag	Frühstück	Zwischen-mahlzeit	Mittagessen	Abendessen	Dessert, Kuchen, Sonstiges
Montag					
Dienstag					
Mittwoch					
Donnerstag					
Freitag					
Samstag					
Sonntag					

3 Nachhaltige Ernährungsstile und -gewohnheiten

Einkaufsliste

Was	Wo	Entfernung	Verkehrsmittel
Bsp: Milch, Äpfel, Tomaten			
Milch	Bio-Markt	5 km	Bus
Äpfel	Hofladen XY	3 km	Fahrrad
Tomaten	Hofladen XY	3 km	Fahrrad

2 | Nachhaltig Kochen und Backen

3.2 Verzicht auf Convenience Food

Fertigprodukte und Tiefkühlware machen den Lebensmitteleinkauf und die -zubereitung angenehmer, das Essen somit bequemer. Der Begriff „Convenience Food" (engl. (*convenience:* Bequemlichkeit, *food:* Essen) bezeichnet daher vorgefertigtes Essen, welches vom Hersteller in unterschiedlichen Stufen der Verarbeitung angeboten wird: küchenfertig, garfertig oder verzehrfertig.

→ **AUFGABE 3**

Geben Sie für die drei Stufen jeweils Beispiele an.

Küchenfertig

_____

_____

_____

Gar- bzw. regenerierfertig

_____

_____

_____

Verzehrfertig

_____

_____

_____

Fertigprodukte sind in der Herstellung, im Transport und in der Lagerung sehr energie- und verpackungsaufwendig. Die einzelnen Zutaten können nicht zurückverfolgt werden und haben mitunter an sich schon für einen hohen CO_2-Ausstoß gesorgt.

Weitere Nachteile sind ein zu hoher Energiegehalt in Form von Zucker oder Fett und ein unnötig hoher Salzgehalt. Auf der anderen Seite enthalten diese Produkte wenig essenzielle Nährstoffe (Vitamine etc.). Zudem werden Konservierungs-, Geschmacks- und Farbstoffe benötigt, um die vorproduzierte Nahrung haltbar und für das Auge ansprechend zu machen.

Mikrowellen-Fertiggericht in hitzebeständiger Verpackung

→ **AUFGABE 4 A**

Schneiden Sie eine Zutatenliste von einem Fertigprodukt Ihrer Wahl aus, kleben Sie sie hier ein und entschlüsseln Sie die Bedeutung der Zutaten.

BEISPIEL
E 200: Sorbinsäure, Konservierungsstoff
E 210: Benzoesäure, Konservierungsstoff

37

3 Nachhaltige Ernährungsstile und -gewohnheiten

→ **AUFGABE 4 B**

Bewerten Sie anschließend das Gericht hinsichtlich ökologischer (Energieaufwand, Ressourcenbedarf, Verpackung) und ernährungsphysiologischer Bedeutung.

→ **AUFGABE 4 C**

Vergleichen Sie das obige Fertiggericht mit einem aus frischen Zutaten hergestellten Gericht. Stellen Sie eigene Vergleichskriterien auf (z. B. Verpackung, Preis etc.).

Gericht: _____

Industriell hergestellt	Frisch zubereitet

→ AUFGABE 5
Welchen Einsatz von vorgefertigten Produkten können Sie vertreten und auf welche Produkte sollte verzichtet werden? Begründen Sie mündlich.

FAZIT

> **Fazit** ↓
>
> Aus ökologischer und ernährungsphysiologischer Sicht sollten Fertigprodukte weitestgehend vermieden werden. Will man sie dennoch kaufen, sollte man auf den Verarbeitungsgrad und die Art der Lagerung achten (Kühlung nötig?). Fertige Gerichte können zudem mit frischen Zutaten aufgewertet werden, z. B. durch Salate.

→ AUFGABE 6
Recherchieren Sie im Internet innovative Verpackungsmöglichkeiten, z. B. kompostierbares Geschirr. Präsentieren Sie eine Verpackungsart und bewerten Sie das Produkt nach folgenden Kriterien:

- Mögliche Einsatzgebiete
- Markterfolg und Konkurrenz
- Preis
- Umweltbelastung und Nachhaltigkeit

> **WUSSTEN SIE?**
>
> Allein in Deutschland werden täglich über 7 Millionen Kaffeebecher weggeworfen – nach einmaligem kurzen Gebrauch.[8] Abdeckungen und Umrührstäbchen aus Kunststoff oder Manschetten und Tragehilfen aus Pappe verursachen zusätzlichen Müll.

3.3 Alternative Kostformen

Laut einer Befragung gaben 12 % der deutschen Bundesbürger an, an einer Lebensmittelunverträglichkeit zu leiden.[9] Durch das Weglassen bestimmter Zutaten oder Inhaltsstoffe ändern sich auch die Ernährungsgewohnheiten. Fast 9 % der Einwohner Deutschlands ernähren sich vegetarisch bzw. vegan oder anderweitig alternativ.[10]

Die Gründe, warum sich immer mehr Menschen für eine besondere Art der Ernährung entscheiden, sind vielfältig: Manche mögen schlichtweg keine Fleischerzeugnisse, andere halten eine vegetarische oder vegane Ernährungsform für gesünder oder wollen mit einer bestimmten Kostform abnehmen. Auch moralische Bedenken beim Verzehr von Tieren oder der Nutzung von Tiererzeugnissen (Milch, Milchprodukte, Leder etc.) spielen eine Rolle.

→ AUFGABE 7
Bewerten Sie die verschiedenen Kostformen hinsichtlich ihrer Nachhaltigkeit und ernährungsphysiologischen Wertigkeit im Gespräch.

- „Flexitarische" Kostform
- Vegetarische Kostform
- Vegane Kostform
- Rohkostform
- Paleo-Kostform
- Frutarische Kostform

FAZIT

> **Fazit** ↓
>
> Eine fleischarme, pflanzenbasierte, ausgewogene Mischkost (flexitarische Kost) aus möglichst unverarbeiteten, regionalen und saisonalen Lebensmitteln ist aus gesundheitlicher Sicht empfehlenswert und nachhaltig für die Umwelt.

3 Nachhaltige Ernährungsstile und -gewohnheiten

PROJEKT:
NACHHALTIGES KOCHBUCH

Das benötigen Sie:
Erstellen Sie ein nachhaltiges Kochbuch. Verwenden Sie dazu Rezepte aus Ihrem nachhaltigem Wochenspeiseplan von S. 35.

So gehen Sie vor:
- Teilen Sie sich innerhalb Ihrer Lerngruppe bzw. Klasse in 4er-Gruppen ein.
- Jede Gruppe ist verantwortlich für eine Speisengruppe (Vorspeisen, Hauptspeisen, Nachspeisen, Gebäck etc.).
- Ermitteln Sie innerhalb der Gruppe mit der Placemat-Methode Ihre Speisenauswahl (6 bis 8 Gerichte pro Feld bzw. Gruppenmitglied).
  → Placemat, siehe unten
- Einigen Sie sich auf 12 bis 16 Gerichte und halten Sie diese in der Mitte fest.
- Entwerfen Sie in Ihrer Lerngruppe bzw. Klasse ein einheitliches Layout für das Kochbuch und gestalten Sie nach diesen Vorgaben die einzelnen Rezepte kreativ.
- Suchen Sie nach einem Namen für das Kochbuch, welcher den Begriff der Nachhaltigkeit aufgreift.

Placemat: Kochbuch

4 Kochen und Backen

4.1 Nachhaltiger Umgang mit Lebensmitteln

Ein bewusster Umgang mit Konsumgütern, speziell mit Nahrungsmitteln ist in den letzten Jahren in den Fokus der Öffentlichkeit gerückt – nicht zuletzt wegen der Nachfrage nach ökologisch erzeugten Lebensmitteln.

Nachhaltig hauswirtschaften fängt mit der Wertschätzung unserer Nahrung und unseres Trinkwassers an. Dieses Bewusstsein fließt in den Umgang mit Lebensmitteln ein, beeinflusst Kaufentscheidungen im Supermarkt und verändert so unseren Konsum stetig und nachhaltig

Laut einer Studie der Universität Stuttgart von 2012 werden jährlich ca. 11 Millionen Tonnen Lebensmittel weggeworfen.[11] Schon in der Nahrungsmittelproduktion und -erzeugung landen Lebensmittel im Müll. Sie entsprechen nicht den Normen und dürfen somit nicht in den Handel gelangen. Überproduktionen von Saisonartikeln werden oft noch in der Fabrik vernichtet – dies ist kostengünstiger für die Hersteller.

WUSSTEN SIE?
Seit 2016 dürfen Frankreichs Supermärkte unverkaufte Lebensmittel nicht mehr wegwerfen oder vernichten, sondern müssen diese spenden.

Auch wegen unsachgemäßer Handhabe bei Transport und Lagerung landen viele Nahrungsmittel in der Tonne, allzeit volle Regale mit leicht Verderblichem (z. B. Brot) und Produkte mit abgelaufenem Mindesthaltbarkeitsdatum sorgen im Handel für zusätzlichen Lebensmittelabfall.

Zudem werden in der Gastronomie, in Großküchen, Kantinen und Krankenhäusern unzählige Tonnen an Lebensmitteln täglich vernichtet. In Privathaushalten werden wegen falscher Einkaufsplanung, Lagerung oder unsachgemäßer Zubereitung 6,7 Millionen Tonnen pro Jahr Nahrungsmittel in den Müll geworfen. Das entspricht jährlich über 80 Kilogramm Lebensmittel pro Bürger, täglich der Menge einer kleinen Mahlzeit.

Durch das Wegwerfen von Lebensmitteln werden zudem Ressourcen verschwendet. Wasser, Energie sowie Pflanzenschutzmittel werden durch den übermäßigen Anbau unnötig verbraucht und schaden somit zusätzlich der Umwelt

TIPP Wer bewusst Lebensmittel kauft, die kurz vor dem Verfallsdatum stehen, leistet einen Beitrag, um der Lebensmittelverschwendung entgegenzuwirken.

→ AUFGABE 1
Nennen Sie Möglichkeiten, wie man der Lebensmittelverschwendung entgegenwirken kann.

In der Landwirtschaft und Produktion: _____

Bei Transport und Lagerung: _____

Im Handel: _____

4 Kochen und Backen

In der Gastronomie: _____

_____

_____

Im Privathaushalt: _____

_____

_____

_____

> **WOLLEN SIE MEHR ERFAHREN?**
>
> TV-Dokumentation: „Taste the Waste" von Valentin Thurn, 88 Minuten, 2011
>
> Testen Sie Ihr Wissen in diesen beiden Tests (Anfänger, Fortgeschrittene) zur Lebensmittelverschwendung:
>
> https://www.zugutfuerdietonne.de/was-kannst-du-dagegen-tun/wissen-testen/

4.2 Reste-Rezepte

4.2.1 Pikante Reste-Rezepte

Panzanella: Brotsalat aus der Toskana

Einst in der Toskana ein Arme-Leute-Essen – heute ein Klassiker der italienischen Küche und eine gute Lösung, um altes Brot zu verwerten.

Altbackenes Brot im italienischen Salat

Menge	Zutaten	Zubereitung
8 Scheiben	altbackenes Brot	• Brot würfeln
2 EL	Olivenöl	• Olivenöl mit Knoblauch verrühren
1 kleine	Knoblauchzehe, gepresst t oder 1/2 TL Knoblauchpaste (→ Rezept S. 50)	• Brot in einer Pfanne von allen Seiten goldgelb rösten, ab und an mit dem Knoblauchöl beträufeln
3 Handvoll	Rucola	• Salat kurz kalt waschen und gut abtropfen lassen
1 Handvoll	Cocktail-Tomaten, sehr reif	• Tomaten kalt waschen und halbieren
1 kleine rote	Zwiebel	• Zwiebel schälen, halbieren und in halbe Ringe schneiden
¼ bis ½	Salatgurke	• Salatgurke waschen, vierteln, in Scheiben schneiden
½	Aubergine oder Zucchini, Paprika	• Aubergine oder Zucchini in wenig Öl anbraten, salzen, Paprika anbraten oder roh zugeben
½ Handvoll	Oliven	• Oliven abgießen
1 Packung	Feta- oder Mozzarellakäse	• Käse würfeln
einige Blätter	Basilikum	• Basilikum abzupfen und kalt abwaschen

Menge	Zutaten	Zubereitung
Marinade:		
4 EL	Rotweinessig	• aus den Zutaten eine Marinade herstellen und würzig abschmecken
2 EL	Olivenöl	
etwas	Salz, Pfeffer, Zucker, Zitronensaft	
Den Salat mit allen Zutaten anrichten und erst kurz vor dem Servieren mit der Marinade vermengen, da sonst die krossen Brotwürfel durchweichen würden!		

TIPP

Immer noch Brot übrig?
Altbackenes Brot kann zu Semmelbrösel gerieben oder zu Croutons in Würfel geschnitten und anschließend in der Restwärme des Backofens getrocknet werden. Croutons können zuvor noch mit Knoblauchöl eingepinselt und/oder mit Kräutern gewürzt werden. Die trockenen Semmelbrösel bzw. Croutons werden danach am besten in luftdichten Behältern aufbewahrt.

Fried Rice

Resteverwertung aus der asiatischen Küche: Reis vom Vortag wird mit Nüssen, Rosinen, Ei, Gewürzen zu einem schmackhaften Sattmacher.

Gebratener Reis kann auf vielfältige Art zubereitet werden

Menge	Zutaten	Zubereitung
ca. 300 bis 400 g	Reis vom Vortag	• Rosinen in einer Pfanne „aufpoppen" lassen, herausnehmen • Eier verquirlen und mit Salz und Pfeffer würzen • 1 TL Öl in der Pfanne erhitzen und Rührei zubereiten, herausnehmen • währenddessen Zwiebel schälen und würfeln • Knoblauch schälen und pressen • 1 EL Öl in die Pfanne geben, Zwiebel andünsten, Knoblauch zugeben und Reis anbraten lassen • Rosinen zugeben, Cashew-Kerne hinzufügen und mit den Gewürzen und Salz würzen • Rührei unter den Fried Rice heben und anrichten und mit Lauchzwiebelringen oder gehacktem Koriander anrichten
2 bis 3	Eier	
1 Handvoll	Rosinen	
½ Handvoll	Cashew-Kerne, gehackt	
1	Zwiebel	
2	Knoblauchzehen oder 2 EL Knoblauchpaste (→ Rezept, S. 50)	
1 TL + 1 EL	Kokosöl oder Ghee	
½ TL	Salz	
1 TL	Kreuzkümmel (Cumin)	
2 TL	Currypulver	
evtl.	Lauchzwiebeln (evtl. nachgewachsen, → S. 116) oder Koriander	

4 Kochen und Backen

→ **AUFGABE 2**

Wie können Sie Fried Rice noch zubereiten? Schreiben Sie Zutaten- oder Gewürzkombinationen auf, z. B. Nasi Goreng.

Menge	Zutaten	Zubereitung

Spanische Tortilla

Gekochte Kartoffeln vom Vortag sind in dem spanischen Nationalgericht – neben den Eiern – die Hauptzutat. Viel mehr ist dann auch gar nicht notwendig, um ein leckeres Essen zuzubereiten. Jedoch können der Tortilla noch weitere frische Zutaten wie Gemüse, Pilze oder Kräuter hinzugefügt werden. Planen Sie für die Zubereitung bis zu eineinhalb Stunden ein, je nach Dicke der Tortilla und Temperatur der Ofenplatte.

Resteverwertung in Spanien: Tortilla

Menge	Zutaten	Zubereitung
ca. 750 g	Kartoffeln, gekocht	• Kartoffeln in Scheiben schneiden
1 bis 2	Zwiebeln	• Zwiebeln würfeln und Knoblauch hacken, mit den Kartoffeln in 2 EL Olivenöl andünsten, herausnehmen und abkühlen lassen
1 bis 2	Knoblauchzehen oder Knoblauchpaste (→ Rezept, S. 50)	• Eier in einer großen Schüssel aufschlagen, verquirlen und mit Salz und Pfeffer würzen
6 bis 8	Eier	• Kartoffeln zur Eimasse geben und vorsichtig vermengen
2 + 2 EL	Olivenöl	• 2 EL Olivenöl in der Pfanne erhitzen, Kartoffelmasse darin bei mittlerer Temperatur stocken lassen und nach ca. 20 bis 25 Minuten wenden und fertigstocken lassen (weitere 15 bis 20 Minuten)
½ TL	Salz	
etwas	Pfeffer	
nach Belieben	Petersilie	• Tortilla mit Petersilie garnieren und anrichten

2 | Nachhaltig Kochen und Backen

→ AUFGABE 3
Welche Zutaten können Sie noch in der Tortilla „verwerten"? Zählen Sie auf.

_____

_____

_____

> **TIPP** **So wendet man die Tortilla**
> Die angestockte Kartoffelmasse auf einen Teller gleiten lassen, die leere Pfanne über die Tortilla halten und Teller und Pfanne mit einer schnellen Bewegung umdrehen, sodass die Tortilla mit der angestockten Seite nach oben in der Pfanne liegt.

Nudelnester

Nudeln mag jeder – wenn doch mal welche übrig bleiben, können am nächsten Tag im Handumdrehen kleine Aufläufe auf den Tisch gebracht werden.

Gebackene Nudelnester aus der Muffinsform

Menge	Zutaten	Zubereitung
ca. 150 bis 200 g	gekochte Nudeln vom Vortag	• Nudeln in Muffinsförmchen verteilen; gut einfetten oder mit Papierförmchen oder runden Backpapierzuschnitten auskleiden (→ Abbildung, siehe oben) • Guss aus Sahne und Eier rühren, würzig abschmecken und in die Muffinsmulden gießen • Nudelnester mit geraspeltem Käse bestreuen
200 ml	Sahne	
2	Eier	
½ TL	gekörnte Gemüsebrühe (→ Rezept, S. 51)	
etwas	Salz, Pfeffer, Muskatnuss	
ca. 50 bis 100 g	Käse zum Bestreuen	
Nudelnester bei 200 °C Umluft ca. 20 Minuten auf mittlerer Schiene backen		

→ AUFGABE 4
Mit welchen Zutaten können Sie die Nudelnester außerdem zubereiten? Denken Sie an klassische, italienische Pasta-Rezepte, z. B. mit Speck, Gorgonzola, Walnüssen und Petersilie.

Mögliche Zutaten für Nudelnester: Speck, Lauchzwiebeln und Petersilie

_____

_____

_____

> **TIPP** **So kleben Nudeln nicht zusammen:**
> Pasta nach dem Kochen mit Olivenöl beträufeln (½ TL auf eine Portion Nudeln), das verhindert ein Zusammenkleben der Nudeln. Übrig gebliebene Nudeln und Soße werden am besten getrennt im Kühlschrank gelagert. Vorher sollte man Nudeln komplett abkühlen lassen – das verhindert die Bildung von Kondenswasser und ein Durchweichen der Pasta.

4.2.2 Süße „Reste-Rezepte"

Bananenbrot

Je reifer, desto besser: Braune Bananen lassen sich wunderbar zu amerikanischem Bananenbrot verarbeiten. Es lässt sich noch dazu bis zu einer Woche im Kühlschrank lagern und wird von Tag zu Tag saftiger und geschmacksintensiver.

Saftiges Bananenbrot – je älter, desto besser

Menge	Zutaten	Zubereitung
125 g	Butter, zimmerwarm	
200 g	Zucker	• Butter und Zucker mit dem Handrührgerät schaumig schlagen
250 g	Mehl	• Mehl mit Natron und Salz abwiegen, in einer Schüssel mischen und zur Schaummasse geben
1 TL	Natron	• Eier, Bananen und Milch im Standmixer oder mit einem Pürierstab pürieren und unter den Teig rühren, bis sich alle Zutaten zu einer homogenen Masse vermischt haben
½ TL	Salz	
2	Eier	
3	reife Bananen	
75 bis 80 ml	Milch oder Buttermilch	
Kuchenteig in eine gefettete Kastenform geben und bei 180 °C für ca. 60 bis 70 Minuten backen		

Kuchenpralinen

Trockener oder misslungener Kuchen muss nicht in den Müll wandern – er kann ganz einfach zu Pralinen „umgearbeitet" werden.

Trockener Kuchen in neuem Glanz: Kuchenpralinen

2 | Nachhaltig Kochen und Backen

Menge	Zutaten	Zubereitung
ca. 150 g	trockener Kuchen	• Kuchenreste in eine Schüssel bröseln
40 bis 50 g	Gelee oder Marmelade, Erdnussbutter, Nuss-Nougat-Creme oder Frischkäse	• etwas Gelee hinzufügen und kneten, bis ein fester, formbarer „Teig" entstanden ist
etwas	Kuvertüre	• Kuvertüre schmelzen und die Schokopralinen darin mit einer Gabel rollen und zum Trocknen auf ein Kuchengitter setzen
zum Verzieren nach Belieben	Schokostreusel, Kokosflocken, gehackte Nüsse, Zuckerperlen oder Krokant etc.	• Pralinen nach Belieben dekorieren

FAZIT

So haften die Pralinen am Stiel
↓
Damit die Pralinen gut am Stiel (hier: Papierstrohalme) halten, werden die Stiele zuvor 2 cm in die geschmolzene Kuvertüre getaucht und dann in die Kuchenpralinen gesteckt. Die Kuchenlollis (Cake-Pops) können nach dem Tauchen in Kuvertüre zum Trocknen in Verpackungs-Styropor oder ausgediente, upgecycelte Blumensteckmasse gesteckt werden.

Meringue

Meringue (auch Baiser genannt) lassen sich schnell und einfach herstellen und sind in einer Dose drei bis vier Wochen haltbar.

Meringue aus Eiweiß
Das Grundrezept für Meringue oder Baiser lautet:

Eiklar zu Puderzucker im Verhältnis 1 : 2

Übrig gebliebenes Eiweiß findet so eine süße Verwendung und landet nicht im Ausguss.

Zwei Eiklar ergeben ca. 20 Meringue

Menge	Zutaten	Zubereitung
1 (25 bis 30 g)	Eiklar	• Eiklar und Puderzucker genau abwiegen
50 bis 60 g	Puderzucker	• Eiklar in eine Rührschüssel geben und auf niedrigster Stufe mit den Schneebesen des Handrührgerätes schlagen, langsam hochschalten und weiterschlagen, bis der Eischnee Spitzen zieht
		• Zucker zum Eischnee geben und auf höchster Stufe 5 Minuten weiterschlagen, bis der Zucker sich komplett aufgelöst hat
		• Masse in einen Spritzbeutel füllen und gleichmäßige Tupfen auf ein mit Backpapier ausgelegtes Backblech spritzen – 2 cm Abstand zwischen den Meringues lassen

Ofen auf 100 °C heizen und die Tuffs für ca. 1 Stunde trocknen lassen.
Die Meringues sollten sich leicht vom Backblech lösen lassen, bleiben jedoch zum Auskühlen auf dem Backblech

TIPP

So gelingen Meringue:
- Die verwendeten Arbeitsgeräte müssen frei von Fett sein.
- Eiklar immer abwiegen, um das genaue Gewicht des Zuckers zu bestimmen.
- Das Eiklar nicht „überschlagen", wenn es matt wird, verliert es seine Elastizität.
- Eiweiß kann auch eingefroren werden.
- Um farbige Meringue zu erhalten, färben Sie die Masse mit Lebensmittelfarbe oder streichen die Innenwände des Spritzbeutels streifenförmig von Öffnung zu Öffnung damit ein.

Bunte Resteverwertung

4 Kochen und Backen

Vegane Meringue aus Aquafaba

Die vegane Variante lässt sich aus dem Abtropfwasser von Kichererbsen aus der Dose herstellen, welches Aquafaba genannt wird.

Menge	Zutaten	Zubereitung
125 ml	Kichererbsenwasser (von 400 g Dose)	• Kichererbsen abgießen und das Wasser auffangen (= Aquafaba)
¼ TL	Weinstein (Cream of tartar)	• Aquafaba mit Weinstein mischen und mit dem Handrührgerät steif schlagen (langsam hoch schalten)
150 g	Puderzucker	• Weiterverarbeitung: → Rezept, S. 47

Schokoladen-Ganache, um zwei Tupfen miteinander zu „Küssen" zu verbinden:		
50 g	Sahne	Schokolade hacken, Sahne erhitzen (nicht kochen), Schokolade einrühren, auflösen lassen bis eine geschmeidige Creme entsteht, einige Stunden kühl stellen, danach zwei Meringue zu Küssen zusammenkleben
100 g	Weiße oder dunkle Schokolade oder Kuvertüre	

→ AUFGABE 5
Verfassen Sie ein weiteres Rezept für eine Creme.

Menge	Zutaten	Zubereitung

Nicecream

Schon aus einer einzelnen überreifen Banane lässt sich über Nacht und mit der Zugabe von Milch eine leckere, gesunde Eiscreme zaubern. Eine Banane ergibt ca. eine Portion Nicecream, das Banane zu Milch (EL) Verhältnis lautet 1 : 2.

Nicecream mit Früchten und Kokosflocken

Menge	Zutaten	Zubereitung
1	Banane	• Banane(n) in Scheiben schneiden und einfrieren (über Nacht oder mindestens 6 Stunden)
2 EL	Milch oder Pflanzenmilch (Mandel-, Soja- oder Kokosmilch)	• gefrorene Banane(n) mit der Milch im Standmixer oder mit einem Pürierstab pürieren
nach Belieben	Früchte, Nüsse, Honig, Rosinen, Datteln, Ingwer, Kokosflocken, Schokoladensplitter, Minze etc.	• Nicecream nach Geschmack verfeinern (siehe unten) und mit den Toppings anrichten

2 | Nachhaltig Kochen und Backen

> **TIPP** **So kann man Nicecream abwandeln**
> Der Geschmack und die Farbe der Nicecream kann durch das Mitpürieren von Früchten verändert werden. Die Milch kann zur Hälfte mit Kakao, Kaffee oder Espresso ersetzt werden.

→ **AUFGABE 6**

Halten Sie hier Ihre Nicecream-Kreation fest:

Menge	Zutaten	Zubereitung

Kleine Kuchen im Glas

Einmachgläser (oder Tontöpfe) dienen bei diesem Rezept als Backform und nach dem Backen als Aufbewahrung. Der fertige Kuchen ist 4 bis 8 Wochen haltbar, kann gestürzt oder sofort aus dem Glas verzehrt werden.

Grundrezept-Variationen: Marmorkuchen im Glas, Apfelkuchen im Tontopf.

Menge für 3 bis 4 Kuchen à 250 ml	Menge für 3 bis 4 Kuchen à 500 ml	Zutaten	Zubereitung
100 g	200 g	Butter, zimmerwarm	
100 g	200 g	Zucker	• Gläser sterilisieren, einfetten und bemehlen / Tontöpfe mit Backpapier auskleiden
2	4	Eier	• Butter und Zucker mit den Schneebesen des Handrührgerätes schaumig schlagen
2 EL	4 EL	Milch	• abwechselnd Eier und Milch unterrühren
1 Prise	1 Prise	Salz	• Mehl mit Backpulver, Salz und Vanillinzucker mischen, über die Schaummasse sieben und vorsichtig unterrühren
125 g	250 g	Mehl	
1 TL	2 TL	Backpulver	
½ Pck.	1 Pck.	Vanillinzucker	
Teig zu 2/3 in Gläser (oder Tontöpfe) füllen und bei 175 °C ohne Deckel backen: 250-ml-Gläser: 20 bis 25 Minuten 500-ml-Gläser: 35 bis 40 Minuten			

> **TIPP**
>
> **So hält sich der Kuchen mehrere Wochen**
> - Gläser mehrere Minuten in kochendem Wasser sterilisieren
> - Teig nur zu 2/3 einfüllen
> - Kuchen ohne Deckel backen
> - Sofort nach dem Backen Kuchen fest verschließen (Vakuum entsteht)
> - Kuchen nach 4 bis 8 Wochen verzehren, beim Öffnen auf ein „Zischen" achten (verursacht durch in das intakte Vakuum eintretende Luft)

4.2.3 Weitere „Reste-Rezepte"

Knoblauchpaste

Knoblauchpaste lässt sich im Kühlschrank mehrere Wochen problemlos aufbewahren und kann anstelle von frischem Knoblauch beim Kochen verwendet werden.
Bei Rezepten rechnet man:

1 Knoblauchzehe entspricht ca. 1 TL Knoblauchpaste

Knoblauchpaste im Schraubglas – wochenlang haltbar

Menge	Zutaten	Zubereitung
einige	Knoblauchzehen	• Knoblauchzehen schälen und im Standmixer, Multi-Zerkleinerer oder dem Pürierstab pürieren
nach Bedarf	Olivenöl	• Olivenöl zufügen, bis die gewünschte Konsistenz der Paste erreicht ist und in ein sauberes Schraubglas füllen

> **TIPP**
>
> **So hält die Paste mehrere Monate**
> Bedecken Sie die obere Schicht der Paste mit Olivenöl. Das verhindert ein Austrocknen und Schimmelbildung. Die Paste bleibt so mehrere Monate haltbar.
> Ausgetriebenen Knoblauch können Sie auch nachwachsen lassen (→ Kapitel 5, 1.2.4, S. 116).

Flüssige oder gekörnte Gemüsebrühe

Übriges Gemüse, eventuell schon etwas schrumpelig (aber nicht matschig oder schimmelig) kann zu gekörnter Gemüsebrühe verarbeitet werden – die Schalen, Stielansätze und Strunke können außerdem zu flüssiger Gemüsebrühe ausgekocht werden.

Gekörnte Gemüsebrühe – günstig und gesund

Gekörnte Gemüsebrühe

Menge	Zutaten	Zubereitung
100 g	Knollensellerie	• Gemüse waschen, schälen und vom Strunk befreien (Gemüsereste aufbewahren) • Knollensellerie, Karotte und Pastinake mittelfein reiben • Lauch in feine Ringe schneiden • Zwiebel würfeln, Knoblauch hacken (Schalen aufbewahren) • Kräuter waschen, trocknen, zupfen und hacken (Stiele aufbewahren)
2 bis 3	Karotten	
100 g	Lauch	
1	Pastinake oder Petersilienwurzel	
1	Zwiebel	
2 Zehen	Knoblauch	
½ Bund	Petersilie, Liebstöckel	
2 EL	Salz	

- Gemüse auf einem Backblech verteilen und ohne Backpapier in der Nachwärme (über Nacht) trocknen
- Ofentür durch einen Kochlöffel einen Spalt offen lassen – so kann die Feuchtigkeit entweichen
- getrocknetes Gemüse im Multi-Zerkleinerer mahlen, Salz zugeben und in Schraubgläsern aufbewahren

TIPP Gemüsereste nach dem Kochen in einem Gefrierbeutel einfrieren, sammeln und bei Bedarf auftauen.

Flüssige Gemüsebrühe

Menge	Zutaten	Zubereitung
ca. 1 kg	Schalen, Strünke, Stiele von: Karotte, Zwiebel, Knollensellerie, Lauch, Zucchini, Tomate, Pastinake, Kohl, Pilze	• Gemüsereste in einen Topf geben und mit Wasser bedecken • Kräuter und Gewürze dazugeben und köcheln lassen (mindestens 3 bis 6 Stunden) • Brühe danach durch ein Passiertuch abseihen und in Schraubgläser füllen
einige	Kräuterstiele, z. B. von Petersilie, Thymian, Basilikum	
nach Belieben	Gewürze: Piment, Lorbeerblätter	

TIPP Bouquet garni – ein Sträußchen Geschmack für mehr Aroma in der Brühe: Petersilie, Thymian, Lorbeerblatt – zusammengebunden oder eingenäht in einem ungebleichten Baumwollsäckchen zu der Brühe geben und mitkochen lassen.

Apfelchutney

Die Lagerung von Äpfeln ist besonders in den Frühlingsmonaten mit erheblichem Energieaufwand verbunden.

Das aromatische Apfelchutney passt hervorragend zu Käse, Fleisch oder auch pur zu frischem Brot (→ Hermann-Brot, S. 54).

Apfelchutney aus kleinen Gartenäpfeln

4 Kochen und Backen

Menge	Zutaten	Zubereitung
4 bis 5	Äpfel	• Äpfel schälen, in kleine Stücke schneiden und mit Zitronensaft beträufeln (Schalen und Kernhäuser für Apfeltee aufbewahren) • Zwiebeln würfeln • 75 ml Wasser mit Essig, Zucker, Salz, Pfeffer und Lorbeerblätter und Senfkörner aufkochen, Apfel- und Zwiebelwürfel zugeben • Chutney 30 Minuten köcheln lassen und in Schraubgläser füllen
2 EL	Zitronensaft	
1	Zwiebel	
75 ml	Apfelessig	
75 g	brauner Zucker	
etwas	Salz, Pfeffer	
2	Lorbeerblätter	
1 TL	Senfkörner	

TIPP **Apfeltee kochen**

Aus den gesammelten Apfelschalen und Kerngehäusen Apfeltee zubereiten: dazu die frischen Apfelreste in 1 Liter Wasser auskochen, abseihen und genießen.

Alternativ werden die Apfelschalen klein geschnitten und in der Restwärme des Backofens gut durchgetrocknet.

Apfeltee kann mit Minze, Zimt oder Nelke verfeinert werden.

Apfeltee aus getrockneten Apfelschalen und Kernhäusern

Pesto vom Möhrengrün mit gerösteten Kürbiskernen

Pesto, eine Grundzutat in der italienischen Küche, lässt sich einfach zubereiten, lange lagern und vielfältig einsetzen.

Möhrengrünpesto mit Zutaten

Grünes „Zu-schade-für-die-Tonne"-Pesto

Menge	Zutaten	Zubereitung
100 g	Möhrengrün	• Möhrengrün waschen und etwas zerkleinern • Kerne abwiegen • Parmesan reiben • Olivenöl abmessen • Möhrengrün und Kerne mit dem Pürierstab pürieren, schrittweise Öl einfließen lassen, mit Knoblauch, Salz, Pfeffer und Zitronensaft würzen • Parmesan unterrühren und Pesto abschmecken
50 bis 75 g	geröstete Kürbiskerne	
50 bis 75 g	Parmesan	
150 ml	Olivenöl	
2 bis 4	Knoblauchzehen (oder 2 bis 4 TL Knoblauchpaste → Rezept, S. 50)	
etwas	Salz, Pfeffer, Zitronensaft	
Füllen Sie das Pesto in saubere Schraubgläser und beschriften Sie das Glas mit Datum und Inhalt (→ Paketband-Methode, S. 57).		

So rösten Sie frische Kürbiskerne:

- Lösen Sie die Kerne vom Fruchtfleisch und versuchen Sie, so viel Kürbisfleisch wie möglich zu entfernen.
- Legen Sie die Kerne 12 Stunden in Wasser ein und entfernen Sie das restliche Fruchtfleisch.
- Beträufeln Sie die Kerne mit ½ EL Olivenöl und breiten Sie sie auf einem Backblech (mit Backpapier) aus.
- Rösten Sie die Kerne im Backofen (140 °C oder in der Nachwärme) für ca. 10 bis 20 Minuten und wenden Sie sie häufiger zwischendurch.

TIPP **Sie können das Möhrengrün durch Radieschengrün oder frischen Spinat ersetzen.**
Im Kühlschrank hält sich das Pesto mehrere Wochen – gießen Sie nach jeder Verwendung etwas Olivenöl nach, um den Inhalt zu konservieren.

PROJEKT:
MILCHTÜTENSTEMPEL

Das benötigen Sie:
- Milchtütenzuschnitte aus Tetra Pak
- Entwurfspapier
- Bleistift
- Kugelschreiber oder Stricknadel
- Schere
- Kreppband
- Stempelkissen
- Anhänger oder Etiketten

Benötigtes Material für den Stempel

So gehen Sie vor:

1. Motiv entwerfen und übertragen

TIPP **Achtung!**
Schrift muss bei diesem Druck spiegelverkehrt geschrieben sein.

- Motiv auf Entwurfspapier gestalten (Schrift spiegelverkehrt schreiben) und zuschneiden (= Vorlage)
- Milchtüte gründlich auswaschen und in Stücke schneiden (rechteckig, rund etc.)
- Vorlage auf die Innenseite der Milchtüte legen und mit Klebeband fixieren
- Motiv tief mit Kugelschreiber oder Stricknadel in das Material prägen
- Vorlage von der Milchtüte abnehmen, eventuell Rillen nachziehen

Die geprägten Rillen nehmen keine Farbe an und bleiben nach dem Stempeln weiß!

2. Stempeln
   - Griff mit Kreppband anbringen
   - Farbe vom Stempelkissen aufnehmen und Probestempeln

Milchtütenstempel nach Abnahme der Vorlage

Gelungener Probestempel

4 Kochen und Backen

> **TIPP** Stempel nach Verwendung mit klarem Wasser abwaschen und mit Küchenkrepp trocknen – so kann der Stempel häufiger verwendet werden.

Weizen-Sauerteig „Hermann"

Der Hermann-Teig ist vor einigen Jahrzehnten in vielen Küchen Deutschlands und Österreichs aufgetaucht und dann wieder in Vergessenheit geraten. Gerne wurde der Teigansatz mit einem kleinen Briefchen verschenkt und konnte weiter „gefüttert" werden. Seine Wurzeln hat der Hermann wohl in den USA. Das *Amish Friend Bread* soll sein Vorgänger sein. Andere Quellen behaupten, der Weizen-Sauerteig sei im Vatikan entstanden und von dort weitergeschenkt worden sein.

Ein blubbernder Hermann bei seiner Fütterung

Hermann-Teig ansetzen

Menge	Zutaten	Zubereitung
100 g	Mehl	• Zutaten abwiegen bzw. abmessen und in eine große Glas- oder Plastikschüssel (mit Deckel) geben
25 g	Zucker	• Zutaten mit einem Holzlöffel gut verrühren
½ Pck.	Trockenhefe	• Teig mit einem Deckel verschließen und 2 Tage bei Zimmertemperatur lagern, danach 2 Tage im Kühlschrank
150 ml	Wasser, zimmerwarm	**Täglich umrühren!**

> **TIPP** **So gelingt „Hermann"**
>
> „Hermann" mag kein Metall – verwenden Sie deswegen einen Behälter aus Glas oder Plastik und rühren Sie die Zutaten immer mit einem Holzlöffel um!
>
> Bewahren Sie „Hermann" nach dem Ansatz in einer ausreichend großen Schüssel (mindestens 1,5 Liter) auf, da sich sein Volumen stark vergrößert!
>
> „Hermann" (nach Tag 10) kann auch mehrere Monate eingefroren werden – nach dem Auftauen mit der Fütterung bei Tag 1 beginnen.

Pflegeanleitung für den Hermann-Teig

1. Tag	Teig ruhen lassen
2. Tag	Teig umrühren
3. Tag	Teig umrühren
4. Tag	Teig umrühren
5. Tag	Teig füttern mit 100 g Mehl, 150 g Zucker, 150 ml Milch
6. Tag	Teig umrühren
7. Tag	Teig umrühren
8. Tag	Teig umrühren
9. Tag	Teig umrühren
10. Tag	Teig füttern mit 100 g Mehl, 150 g Zucker, 150 ml Milch Danach: Teig in vier Teile teilen, ein Teil kann jeweils • als Grundlage für ein Brot oder einen Kuchen genutzt werden, • verschenkt werden, • eingefroren werden (→ Tipp, siehe oben), • neu „gefüttert" werden (beginnend bei Tag 1).

Brot aus Weizen-Sauerteig im Gärkörbchen

→ **AUFGABE 7**

Was lässt sich aus dem Hermann-Grundteig zubereiten? Schreiben Sie jeweils ein Rezept auf.

Rezept für Hermann-Kuchen

Menge	Zutaten	Zubereitung

Rezept für Hermann-Brot

Menge	Zutaten	Zubereitung

→ **AUFGABE 8**

Gestalten Sie eine Pflegeanleitung für den Teig, den sogenannten „Hermann-Brief". Ergänzen Sie die Anleitung außerdem mit Ihren beiden Rezepten.

4 Kochen und Backen

→ AUFGABE 9

Vergleichen Sie den Teig mit dem *Amish Friendship Bread* und dem *Vatikanbrot* und beschreiben Sie Unterschiede und Gemeinsamkeiten.

→ AUFGABE 10

Finden Sie auf der Webseite des Bundesministeriums für Ernährung und Landwirtschaft Ihr Lieblings-Reste-Rezept und halten Sie es in nachstehender Tabelle fest.

www.zugutfuerdietonne.de/praktische-helfer/rezepte-fuer-reste/rezepte-von-a-bis-z

Menge	Zutaten	Zubereitung

2 | Nachhaltig Kochen und Backen

PROJEKT:
PAKETBAND-ETIKETTEN

Das benötigen Sie:
- Paketband, klar
- Tonerdruck (Laserdrucker oder Kopiergerät)
- Schüssel mit Wasser
- Schere
- Glas

So gehen Sie vor:
- Etiketten gestalten und ausdrucken
- Paketband ohne Lufteinschlüsse über die Etiketten kleben
- Mit einem Kochlöffel über den Tonerdruck streichen
- Etikett ausschneiden und für ca. fünf Minuten in lauwarmes Wasser legen
- Herausnehmen und Papier auf der Etikettenrückseite wegrubbeln
- Etikett auf eine glatte, fettfreie Oberfläche kleben

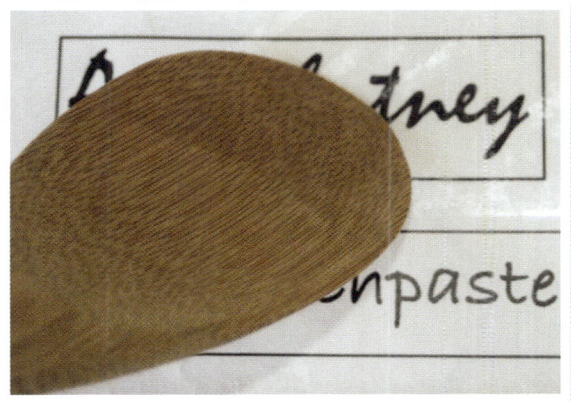
Tonerdruck übertragen

Etikett einweichen

Papier wegrubbeln

Etikett aufkleben

TIPP Unbenutzte Etiketten können Sie bis zum nächsten Gebrauch auf ein Wachstuch kleben und einfach wieder abziehen.

3 Nachhaltig hauswirtschaften, reinigen und waschen

1 Müllreduzierung

1.1 Müllproduktion und Müllentsorgung

Im Jahr 2014 sind in Deutschland 401 Millionen Tonnen Müll angefallen. Dazu zählen Bauabfälle, Abfälle aus der Gewinnung von Bodenschätzen, Abfälle aus Abfallbehandlungsanlagen und sogenannter Siedlungsabfall[1]. Diese Kategorie (ca. 13 %) umfasst alle Restabfälle aus privaten Haushalten und haushaltsähnlichen Einrichtungen wie Praxen, Krankenhäuser, Schulen, Geschäften sowie aus Gewerbe und Industrie. Zum Siedlungsabfall zählen außerdem Wertstoffe (Glas, Metall, Plastik und Papier), Biomüll, Straßenabfall und Sperrmüll.[2]

In Deutschland wurde mit dem neuen Kreislaufwirtschaftsgesetz (KrWG) die fünfstufige Abfallhierarchie nach einer EU-Richtlinie (2008) umgesetzt.

Für die Entsorgung des Siedlungsabfalls sind die örtlichen Gemeinden zuständig. Diese können die Aufgabe jedoch an eine private Entsorgungsfirma übertragen. In Deutschland existiert jedoch kein einheitliches System für das Sammeln von Wertstoffen. Manche Gemeinden bieten den gelben Sack oder die gelbe Tonne an – andere wiederum nicht, dort müssen die Einwohner ihre Wertstoffe selbst zu Wertstoffhöfen tragen und entsorgen. Im gelben Sack dürfen allerdings nur Verpackungen aus Plastik, Metall oder Verbundstoffen entsorgt werden.

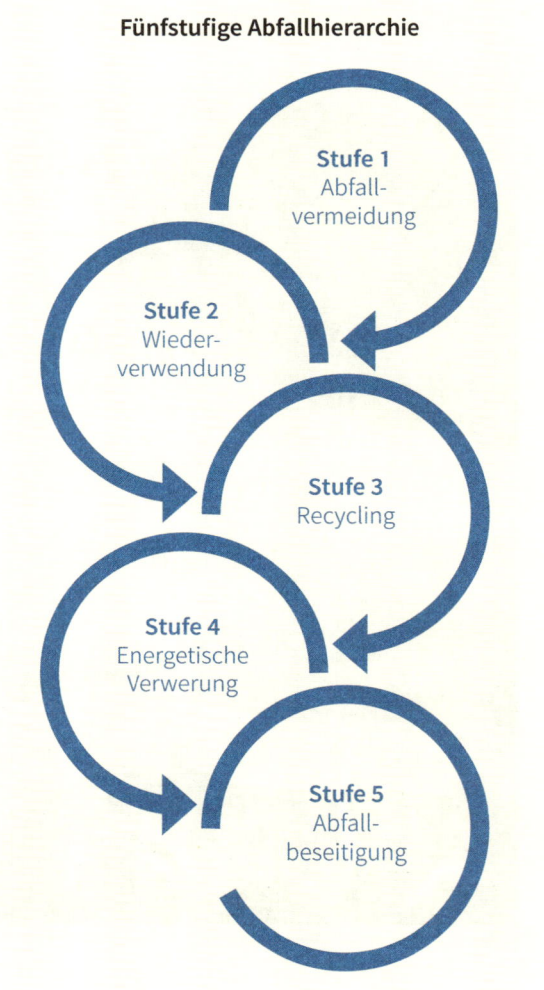

Fünfstufige Abfallhierarchie

- Stufe 1 Abfallvermeidung
- Stufe 2 Wiederverwendung
- Stufe 3 Recycling
- Stufe 4 Energetische Verwerung
- Stufe 5 Abfallbeseitigung

Klimaschutzziel: Vermeidung von Mülldepot

WUSSTEN SIE?

Ziel der Bundesregierung ist es, bis 2020 65 % der Siedlungsabfälle zu recyceln. Der restliche Müll soll energetisch genutzt werden. Das Klimaschutzziel ist, keinen Müll mehr zu deponieren (Stufe 5 der Abfallhierarchie).

3 | Nachhaltig Hauswirtschaften, Reinigen und Waschen

→ **AUFGABE 1**

Wie setzt sich der Siedlungsmüll in Deutschland zusammen? Zeichnen Sie in das Tortendiagramm ungefähr die prozentualen Anteile an Restmüll, Biomüll, Wertstoffen, Sperrmüll etc. ein, kolorieren und beschriften Sie die Grafik. Geben Sie die Quelle Ihrer Daten und das Erhebungsjahr an.

Siedlungsabfall Deutschland im Jahr _____

Quelle: _____

_____

→ **AUFGABE 2**

Mülltrennung kann verwirrend sein, da es kein einheitliches System für Deutschland gibt. Kennen Sie sich aus? Trennen Sie folgenden Müll korrekt.

① Restmüll
② Wertstoffcontainer/gelber Sack
③ Biomüll
④ Papiertonne
⑤ Sondermüll
⑥ Sonstiges _____

○ Pappkarton mit dem grünen Punkt
○ Plastikspielzeug
○ Blaue Glasflasche
○ Kork
○ Tetrapak-Verpackung
○ Bratpfanne aus Edelstahl
○ Gartenabfälle
○ Holzmöbel
○ Schraubglas mit dem grünen Punkt
○ Joghurtbecher mit Aluminiumdeckel
○ Wollreste
○ Gewerbliche Speiseabfälle

→ **AUFGABE 3**

Skizzieren Sie den Weg des Siedlungsabfalls in Ihrer Gemeinde zu den jeweiligen Anlaufstellen. Wo und wie werden Restmüll, Biomüll, Sperrmüll sowie die Wertstoffe entsorgt bzw. recycelt? Verwenden Sie außerdem Fakten und Zahlen zur Veranschaulichung.

1.2 Müllvermeidung

Die Vermeidung von Müll steht an oberster Stelle der Abfallhierarchie in Deutschland und der Europäischen Union (→ Kapitel 3, 1.1, S. 58). Als bevölkerungsreichstes Land der EU ist Deutschland gleichzeitig dasjenige EU-Mitglied, das am meisten Müll produziert. Zwar ist die Menge des Gesamt-Abfallaufkommens in den letzten 15 Jahren gesunken, die Siedlungsabfallmenge jedoch ist gestiegen. Pro Kopf fielen im Jahr 2014 durchschnittlich 618 kg Siedlungsabfall an. Nur in Dänemark wurde mit 758 kg im Durchschnitt noch mehr Müll produziert.[3] Nimmt man den anfallenden Siedlungsmüll zu Hause genauer unter die Lupe, machen Verpackungen den größten Teil des Abfalls aus. Das hat folgende Gründe:

- Zahl der Ein- und Zweipersonen-Haushalte nimmt zu
- Kleinere Verbrauchsgrößen bedingen einen höheren Verpackungsaufwand
- Einkauf von Lebensmitteln im Supermarkt (verpackt) statt auf dem Wochenmarkt (unverpackt)
- Zunahme von verarbeiteten Lebensmittel und Fertigprodukten
- Anstieg der Außer-Haus-Verpflegung (Mitnahmegerichte, Coffee-to-go)
- Wachstum des Versandhandels (Papierverpackungen aus diesem Bereich sind seit 2000 um 75 % gestiegen)

⟶ AUFGABE 4 A
Wie lässt sich schon im Vorfeld Verpackungsmüll vermeiden bzw. reduzieren?

_____

_____

_____

_____

—→ AUFGABE 4 B
Welche Konsequenzen hat es langfristig, wenn Sie Verpackungsmüll im Supermarkt zurücklassen?

_____

_____

_____

_____

_____

—→ AUFGABE 5
Versuchen Sie sieben Tage müllfrei zu konsumieren und keinen Abfall zu produzieren. Teilen Sie Ihre Ergebnisse mit Ihrer Lerngruppe.

FAZIT

Fazit
↓
Beim Kauf ist es sinnvoll, Produkte mit geringem Verpackungsaufwand auszuwählen. Zudem verzichtet man am besten auf kleine Packungsgrößen und kauft vermehrt auf Wochenmärkten oder in verpackungslosen Supermärkten ein. Außerdem ist es nachhaltiger, den eigenen Konsum an Speisen oder Getränken zur Mitnahme zu reduzieren und stattdessen eigene Behälter oder Becher mitzubringen.

1.3 Recycling von Wertstoffen

Vor 30 Jahren dachte in Deutschland noch niemand an die Wiederaufbereitung von Müll, bis Ende der 1980er-Jahre ein Umdenken stattfand: Die Müllkippen konnten den Abfall nicht mehr fassen und es wurde ein nachhaltiger Umgang mit Rohstoffen gefordert. 1991 verfasste die Bundesregierung die Verpackungsverordnung.

Die in dem Gesetz verankerte Produktverantwortung sieht vor, dass der Hersteller bzw. Vertreiber die Verantwortung über die gesamte Lebensdauer (von der Herstellung bis zur Beseitigung) eines Produkts übernimmt. Eine Rücknahmepflicht gilt für alle Arten von Verpackungen, Altöl, Batterien, Elektrogeräte und Autos.

Siedlungsabfall mit gelber Tonne (Recyclingmüll)

Seit dieser Verordnung Anfang der 1990-Jahre ist in Deutschland ein neuer Industriezweig entstanden: die Recyclingindustrie. Das Trennen, Einsammeln und Wiederaufbereiten wird als „Duales System" bezeichnet und ist mit seiner Einführung einzigartig auf der Welt. Durch den „Grünen Punkt", der erste privatwirtschaftliche Anbieter der Kreislaufwirtschaft, sind auch heute noch Verpackungen gekennzeichnet, für die der Hersteller im Vorfeld ein Entgelt für deren Entsorgung entrichtet hat. Der Kunde zahlt beim Kauf dafür mit.

Recycling geschieht in hochmodernen Sortieranlagen, die die Wertstoffe trennen. Denn nur sortenreine Stoffe können wiederverwertet werden. Der Wertstoff wird dann für seine ursprüngliche oder eine neue Verwendung wiederaufbereitet. Man spricht hierbei von stofflicher Verwertung. Kann der Wertstoff nicht aufbereitet werden, wird er zur Energiegewinnung verbrannt. Dies nennt man energetische Verwertung.

1 Müllreduzierung

FAZIT

Fazit

Das richtige Vorsortieren des Siedlungsmülls in Wertstoffe, Restmüll, Biomüll und Sperrmüll erhöht die Wiederverwertungsquote erheblich. Sortieranlagen in Recyclinganlagen arbeiten jedoch nur dann effektiv, wenn der Abfall sortenrein getrennt und restentleert ist.

Wird der Wertstoff wiederaufbereitet, spricht man von stofflicher Verwertung. Wird der Wertstoff zur Energieerzeugung verbrannt, ist von energetischer Verwertung die Rede.

→ AUFGABE 6

Warum haben Glas, Metall und Papier eine höhere Recyclingquote als Kunststoff? Begründen Sie und belegen Sie Ihre Begründung mit Zahlen. Geben Sie die Quelle Ihrer Daten an.

_____

_____

_____

_____

_____

Quelle: _____

→ AUFGABE 7

Müssen die Wertstoffe sauber gespült werden, bevor sie in den gelben Sack oder den Wertstoffcontainer dürfen? Erkundigen Sie sich nach Empfehlungen und Vorschriften und bewerten Sie diese hinsichtlich der Nachhaltigkeit.

_____

_____

_____

_____

_____

→ AUFGABE 8

Bewerten Sie das „Duale System" in Deutschland. Recherchieren Sie dazu ausführlich und vergleichen Sie es mit Recyclingsystemen der Länder Italien, USA und China.

_____

_____

_____

_____

_____

___

→ AUFGABE 9

Kontaktieren Sie einen Elektrogerätehersteller und informieren Sie sich über die Rücknahme eines Altgerätes. Welches Vorgehen wird Ihnen angeboten? Weisen Sie gegebenenfalls auf die Produktverantwortung hin.

___

→ AUFGABE 10

Einweg- oder Mehrwegpfandflaschen? Recherchieren Sie den Produktkreislauf von beiden Pfandsystemen hinsichtlich der Nachhaltigkeit und halten Sie Pro und Kontra in der Tabelle fest. Die Ergebnisse helfen Ihnen bei einer Bewertung.

→ Kapitel 4, 1.6, S. 91

WUSSTEN SIE?

Mehrwegpfandflaschen aus PET können bis zu 20-mal wieder befüllt werden, Glasflaschen sogar bis zu 50-mal!

Nachhaltigkeit von	Pro	Kontra	Bewertung
Einwegpfand			
Mehrwegpfand			

2 Nachhaltiger Einsatz von chemischen Reinigungsmitteln und Waschmitteln

2.1 Umweltbelastungen und Gefahren für die Gesundheit

Etwa 460 000 Tonnen Reinigungs- und Geschirrspülmittel werden jährlich in Deutschland verkauft.[4] Zwar sind die enthaltenden Tenside (waschaktive Substanzen) mittlerweile vollständig abbaubar, jedoch sind andere Inhaltsstoffe nicht oder nur schwer zu beseitigen. Die Folgen sind eine Verunreinigung, Überdüngung oder gar Schädigung der Gewässer und deren Organismen. Aggressive Reiniger sind außerdem für Material, Oberflächen und nicht zuletzt für die Gesundheit schädlich.

Generell benötigt man nicht für jede Oberfläche oder Verwendung einen separaten Reiniger – ein ökologischer Allzweckreiniger, ein basischer Fettlöser für die Küche, ein saurer Reiniger für Bad und Toilette und ein Scheuermittel sind ausreichend. → S. 72

Ansammlung von Reinigungsmitteln

TIPP Auf folgende Inhaltsstoffe sollte man beim Kaufen von Reinigungsmitteln verzichten: Silikone, Paraffine, Phosphonate, optische Aufheller, Natriumhyperchlorid, Natriumperborat oder Natriumpercarbonat und Formaldehyd. Zudem sind desinfizierende oder antimikrobielle Reiniger im Haushalt überflüssig und belasten die Umwelt unnötig. Duft- und Farbstoffe besitzen keine Reinigungswirkung, sind gering biologisch abbaubar und sollten ebenso beim Kauf vermieden werden.

Jedoch gilt auch bei ökologischen Putzmitteln: sparsam dosieren! Eine Überdosierung schadet meist nicht bloß dem Putzergebnis (Schlieren durch Rückstände etc.), sondern vor allem der Umwelt. Ein Einsatz von mechanischen Hilfsmitteln (Bürsten und Schwämme etc.) reduziert zudem den Einsatz von Reinigungsmitteln. Wenn Schmutz sofort entfernt wird, erleichtert dies die Reinigung und verhindert weiteres Einbrennen. Dabei sind Konzentrate zu bevorzugen. Hiermit sind der Verpackungsaufwand und die Transportkosten geringer und ihre Verwendung ist somit nachhaltiger für die Umwelt.[5]

Euro-Blume

→ **AUFGABE 1**
Formulieren Sie das Fazit des Kapitels 2.1.

FAZIT Fazit
↓

_____

_____

_____

_____

_____

_____

WUSSTEN SIE?
Die Euro-Blume (EU Ecolabel) ist ein EU-Umweltzeichen für umweltfreundliche und nachhaltige Reinigungsmittel und stellt sicher, dass die Inhaltsstoffe weniger umwelt- und gesundheitsbelastend sind.

→ AUFGABE 2 A

Ordnen Sie die Reiniger zu.

① Allzweckreiniger ② Alkalischer Reiniger
③ Saurer Reiniger ④ Scheuermittel

○ Böden ○ Fliesen
○ Ceranfeld ○ Kühlschrank
○ Waschbecken ○ Badewanne
○ Fenster ○ Duschkabine
○ Teppich ○ Toilette
○ Holzmöbel ○ Laminat

→ AUFGABE 2 B

Welche Reiniger benötigen Sie eventuell zusätzlich? Wie können Sie sie ersetzen?

_____
_____
_____
_____

→ AUFGABE 3

Wählen Sie einen oben genannten bedenklichen Inhaltsstoff aus und zeigen Sie seine Auswirkung auf Umwelt und Gesundheit auf. Stellen Sie Ihr Ergebnis anschaulich und kreativ dar.

_____
_____
_____
_____

2.2 Nachhaltige Wäschepflege

2.2.1 Ressourcenschonendes Wäschewaschen

Ein 40-Grad-Waschgang in einer modernen Frontlader-Waschmaschine verbraucht zwischen 50 und 70 Liter Wasser, 50 bis 90 kWh Strom und 70 bis 120 Milliliter Waschmittel. Oft werden zusätzlich noch Fleckentferner, Weichspüler oder Bleichmittel verwendet. Vorwasch- oder Spezialprogramme erhöhen den Wasser- und Energieverbrauch zudem zusätzlich. Nach dem Waschgang wandert die Wäsche oft noch in den Trockner.

Ohne Energieaufwand: Wäsche trocknet im Freien

2 Nachhaltiger Einsatz von chemischen Reinigungsmitteln und Waschmitteln

anstatt auf die Leine. Das Trockengerät sorgt nach zwei Stunden Trockenzeit zwar für fast knitterfreie, trockene und weiche Wäsche – jedoch verbraucht es mehr Energie als der eigentliche Waschgang. Für die Wäschepflege werden oft unnötig Ressourcen verbraucht, die mit einfachen, aber effektiven Mitteln eingespart werden können.

⟶ AUFGABE 4

Entwerfen Sie einen Flyer zum Thema „Richtig und nachhaltig Wäsche waschen". Das Infoblatt sollte wichtige Informationen zu den Themenbereichen „Waschen", „Trocknen" und „Bügeln" enthalten und im Hinblick auf eine nachhaltige, ressourcenschonende Lebensweise Tipps und Empfehlungen zu nachfolgenden Punkten geben:

- Vorsortieren der Wäsche
- Pflegehinweise
- Waschmittelauswahl (Angebotsform, Verwendungszweck) und -dosierung
- Temperatur- und Programmwahl
- Wartung der Geräte
- Alternativen

Gestalten Sie den Flyer kreativ und der Zielgruppe (z. B. Mitschülerinnen und Mitschüler) gemäß ansprechend. Verteilen Sie den Flyer beispielsweise in der Schulkantine und fördern Sie aktiv das Bewusstsein für Nachhaltigkeit.

⟶ AUFGABE 5

Welche Faktoren beeinflussen die Waschmittelmenge? Begründen Sie kurz.

___

⟶ AUFGABE 6 A

Informieren Sie sich über Baukastensysteme für Waschmittel. Erörtern Sie Vor- und Nachteile dieser Systeme.

___

3 | Nachhaltig Hauswirtschaften, Reinigen und Waschen

PROJEKT:
TROCKNERBÄLLE FILZEN

Industriell hergestellte Trocknertücher nehmen die Funktion eines Weichspülers ein und können mit Tensiden, Duft- und Konservierungsstoffen die Gewässerorganismen schädigen. Zudem können die chemisch getränkten Tücher durch die hohe Konzentration der Inhaltsstoffe allergische Hautreaktionen auslösen.

Selbst gefilzte Trocknerbälle sind die ökologische Alternative zu industriell hergestellten Trocknertüchern. Sie geben der Wäsche einen natürlichen, frischen Duft, wirken antistatisch und verringern ein Knittern der Wäsche. Zudem kann durch das Trennen der einzelnen Wäschestücke im Trockner die Trockenzeit verkürzt werden. Dies spart Energie und leistet einen Beitrag zur ressourcenschonenden, nachhaltigen Lebensweise.

Trocknerball vor und nach dem Filzen

Das benötigen Sie:
- Strick- und Filzwolle aus reiner Schurwolle, Farbe weiß/beige, 50 g
- Wollnadel
- Schere
- Strumpfhose
- Ätherisches Öl (z. B. Lavendel)

So gehen Sie vor:
1. Wickeln Sie den Wollfaden circa 20-mal über Zeige- und Mittelfinger.
2. Träufeln Sie zwei bis vier Tropfen ätherisches Öl auf die Wolle.
3. Legen Sie den Faden über die Mitte und wickeln Sie weiter, bis die Form eines kleinen Balles erreicht ist.
4. Wickeln Sie so lange weiter, bis der Ball die Hälfte der Größe eines Tennisballes erreicht hat und träufeln Sie erneut zwei bis vier Tropfen ätherisches Öl auf.
5. Nun wickeln sie so lange, bis der Ball tennisballgroß ist und vernähen Sie den Endfaden im Wollball.
6. Geben Sie den Trocknerball in eine Strumpfhose und binden Sie diese danach ab.
7. Wickeln Sie zwei bis drei weitere Bälle und geben Sie diese ebenso in den Strumpfhosenfuß.
8. Waschen Sie die Bälle nun in der Maschine (Filzanleitung beachten) und trocknen Sie sie anschließend im Trockner.
9. Entfernen Sie die Strumpfhose und prüfen Sie das Filzergebnis der Trocknerbälle.

Geben Sie zu jedem Trocknergang die Bälle hinzu, träufeln Sie nach Belieben ein paar Tropfen ätherisches Öl auf jeden Ball und bewahren Sie die Bälle an einem luftdurchlässigen Ort auf, z. B. in einem Baumwollsäckchen.

> **TIPP** **Baumwollsäckchen mit Lavendeldruck**
> Gestalten Sie ein Baumwollsäckchen mit Lavendeldruck (→ Kapitel 4, 2.5, S. 101) für die Trocknerbälle und die ätherischen Öle.

→ AUFGABE 6 B
Erkundigen Sie sich nach der Wasserhärte in Ihrer Gemeinde und nennen Sie eine Dosierungsempfehlung für eine 40-Grad-Buntwäsche mit Flecken.

_____

_____

2 Nachhaltiger Einsatz von chemischen Reinigungsmitteln und Waschmitteln

→ **AUFGABE 7**

Welche Vorkehrungen treffen Sie, um die Lebensdauer Ihrer Waschmaschine zu verlängern?

2.2.2 Alternative Waschmittel

Jedes Waschmittel belastet unsere Gewässer, denn nicht alle Stoffe sind in den Klärwerken abbaubar. Natürliche Waschmethoden können für leicht verschmutzte Wäsche tatsächlich eine Alternative sein – die Reinigung übernimmt der waschaktive Stoff Saponin, der in der heimischen Kastanie und im Efeu enthalten ist. Saponin ist auch in den Nussschalen des indischen Ritha-Baumes enthalten. Seit einigen Jahren kann man die getrockneten Waschnüsse auch in Deutschland kaufen.

Indische Waschnüsse im Baumwollsäckchen

WUSSTEN SIE?

Wegen der großen Nachfrage an Waschnüssen in Europa ist der Preis für Waschnüsse in Indien gestiegen. Das ist auf der einen Seite eine Chance für indische Exporteure, auf der anderen Seite sind die Nüsse für Einheimische kaum mehr bezahlbar.

TIPP **Umweltfreundliches Waschmittel herstellen**
Aus Soda und Gall- oder Kernseife und/oder Zitronensäure lässt sich in wenigen Schritten und mit ein bisschen Zeit umweltfreundliches Waschmittel herstellen.

→ **AUFGABE 8**

Recherchieren Sie im Internet nach einer Waschmittel-Rezeptur, halten Sie es hier fest und stellen Sie das Waschmittel her.

3 | Nachhaltig Hauswirtschaften, Reinigen und Waschen

TIPP **Aufbewahrung**
Benutzen Sie zum Aufbewahren von selbst hergestelltem Waschmittel alte Flüssigwaschmittelbehälter.

→ AUFGABE 9 A

Vergleichen Sie die Waschwirkung (gleicher Verschmutzungsgrad, gleiche Temperatur) von selbst hergestelltem Waschmittel, Waschnüssen und konventionellem Waschmittel. Halten Sie die Ergebnisse in einer Tabelle fest.

	Reinheit, allgemein	Fleckentfernung	Duft	Rückstände
Waschnüsse				
Selbst hergestelltes Waschmittel				
Konventionelles Waschmittel				

→ AUFGABE 9 B
Testen Sie die Waschleistung von heimischen Kastanien und Efeu. Beachten Sie allerdings, dass Kastanien nur im Herbst in der Natur gesammelt werden können.

→ AUFGABE 10
Finden Sie heraus, ob es Ersatzmöglichkeiten für natürliche Weichspüler und Fleckenentferner gibt, die die Gewässer nicht belasten und so den Anspruch der Nachhaltigkeit erfüllen.

EXKURS
Eutrophierung

Unter dem Begriff der Eutrophierung[6] versteht man die Zunahme von Nährstoffen in einem Gewässer, verursacht durch Stickstoff oder Phosphor. Diese Stoffe gelangen durch ungeklärte Gewässer der Industrie oder Rückstände der Kläranlagen, aber auch durch Düngemittel der Landwirtschaft oder Privatgärten in die Flüsse und Meere.

Durch die Nährstoffzunahme im Wasser wird das Wachstum von Phytoplankton stark gefördert. Dadurch entsteht ein Mangel an Licht und Sauerstoff im Gewässer. Durch den fehlenden Lichteinfall können die darunter wachsenden Pflanzen (z. B. Seegras) keine Photosynthese mehr betreiben und sterben ab. Das Absterben der Wasserpflanzen bewirkt einen Sauerstoffmangel, welcher wiederum Bodentiere und Fische sterben lässt. Die natürliche Biodiversität (Artenvielfalt) sinkt – das Ökosystem wird aus dem Gleichgewicht gebracht.

Algen- und Schaumbildung am Rand eines Gewässers

Zu beobachten war dieses Phänomen schon im 19. Jahrhundert, hervorgerufen durch unsauberes Abwasser. Mit der Entwicklung und Verwendung von phosphatreichen und tensidhaltigen Wasch- und Reinigungsmitteln nahm die Eutrophierung nochmals stark zu. Das Bemühen der Regierung mit Waschmittel- und Reinigungsgesetz (1987) und die EG-Detergentienverordnung (2004) bewirkte eine Entwicklung von phosphatfreien Waschmitteln und fast vollständig abbaubaren Tensiden in Wasch- und Reinigungsmitteln. Die Waschmittelindustrie muss außerdem Dosierungsempfehlungen und Angaben zur Ergiebigkeit des Produkts auf die Verpackung drucken.

Seit Mitte der 1980er-Jahre ist in der Nordsee eine Stickstoffabnahme von 48 % und ein Rückgang von Phosphor von 78 %, in der Ostsee ein Stickstoffrückgang von 50 % und eine Abnahme von Phosphor von 76 % zu beobachten. Das in den letzten Jahren kein weiterer nennenswerter Rückgang der Stoffe, insbesondere des Stickstoffes verzeichnet werden kann, liegt an der Ausbringung von mineralstoffhaltigen Düngemitteln in der konventionellen Landwirtschaft (→ Kapitel 5, 1.1.2, S. 110).[7]

→ AUFGABE 1
Recherchieren Sie, in welchen Gewässern weltweit die Zeichen der Eutrophierung auftreten und in welchem Maße.

3 Einsatz von Hausmitteln und natürlichen Reinigern

Man benötigt im Privathaushalt nur vier bis fünf verschiedene Reinigungsprodukte (→ Kapitel 3, 2.1, S. 64).

Aus Essig, Natron, Soda, Zitronensäure und Kernseife lassen sich fast alle Reiniger nachhaltig und schnell selber herstellen.

Essig oder verdünnte Essigessenz (ein Teil Essigessenz und vier Teile Wasser) eignet sich hervorragend als Mittel zur Desinfektion, Entkalkung, Geruchsentfernung und Reinigung. Zitronensäure hat dieselben Reinigungseigenschaften, greift jedoch Dichtungen o. Ä. nicht an. Natron und Soda (oder Wasch-Soda) sind alkalisch und somit fettlösend. Natron ist außerdem ein guter Geruchsneutralisierer. Kernseife sollte frei von Palmöl sein, um dem Nachhaltigkeitsgedanken gerecht zu werden. Ätherische Öle sorgen für einen frischen, nachhaltigen Geruch.

Alte Reinigungsflaschen, Sprühflaschen oder Schraubgläser eignen sich gut zum Befüllen der nachhaltigen Putzmittel. Mechanische Hilfsmittel wie Bürsten oder Schwämme unterstützen die Reinigungswirkung.

Schonendes Reinigen mit selbst hergestellten Putzmitteln, Bürsten und Schwämme

WUSSTEN SIE?

Essig kann auf Naturstein, Silikon oder Gummi zu unerwünschtem Verschleiß führen – auf diesen Materialien Zitronensäure statt Essig anwenden!

Folgende „Rezepte" für Reinigungsprodukte sind einfach herzustellen und schonend für die Umwelt.

Saurer Badreiniger

200 ml Essig + 100 ml Wasser + 10 bis 15 Tropfen ätherisches Öl (Eucalyptus oder Teebaum) miteinander vermischen und in eine alte Sprühflasche füllen

Entkalker z. B. für Kaffeemaschinen oder Wasserkocher

100 ml Essig : 100 ml Wasser oder reine Zitronensäure

Allzweckreiniger

Zitronen- oder Orangenschalen mit Essig übergießen, 4 Wochen ziehen lassen, abseihen und einige Tropfen Spülmittel zugeben; in eine alte Sprühflasche füllen

Glasreiniger

250 ml Essig + 250 ml Wasser
oder
250 ml Spiritus + 250 ml Wasser + 2 EL Essig
mit Zeitungspapier nachwischen

Parkettpflege

250 ml Leinöl + 150 ml Essig + 10 bis 15 Tropfen ätherisches Öl (Orange)

Schimmelvorbeugung/ Reinigung bzw. Desinfektion nach Schimmelbefall

Essig unverdünnt auf einem feuchten Lappen angewandt, z. B. im Kühlschrank oder Brotkasten

Fliesen-/Fugenreiniger

100 ml Zitronensäure mit Wasser verrühren und die Paste mit einer alten Zahnbürste auf die verschmutzten Fugen auftragen

Scheuermittel (Pulver)

100 g Natron + 2 EL Zitronensäure + 2 EL Salz vermischen und in ein Schraubglas füllen; verwenden wie handelsübliches Scheuerpulver

Geruchsbinder (für Teppiche etc.)

Großzügig Natron über den Teppich streuen (evtl. ein Sieb benutzen) und über Nacht einwirken lassen, danach gründlich absaugen

FAZIT **Fazit**

Um alltäglichen Schmutz und dadurch entstehende Verunreinigungen im Haushalt zu beseitigen, genügen Essig, Zitronensäure, Kernseife, Natron und Soda. Mit dem Einsatz von mechanischen Hilfsmitteln wie Schwämmen oder Bürsten wird die Reinigungswirkung verstärkt.
Durch den verminderten Chemikalieneinsatz wird die Umwelt geschont und die Abwässer werden weniger belastet. Der Verpackungsmüll wird reduziert. Diese Art der Reinigung leistet einen großen Beitrag zum Umweltschutz, einer nachhaltigen Lebensweise und spart zudem Geld.

→ **AUFGABE 1 A**

Recherchieren Sie nach Grundrezepten für folgende Reiniger und halten Sie die Anleitungen fest.

WC-Reiniger

Spülmittel

Fleckentferner für Kleidung/Teppich/ Couch

Backofenreiniger

Rohrreiniger

Raumspray

3 Einsatz von Hausmitteln und natürlichen Reinigern

→ **AUFGABE 1 B**

Entscheiden Sie sich für vier bis fünf Reiniger, die Sie in Ihrem Haushalt benötigen, und stellen Sie diese her. Ändern Sie die Rezepte gegebenenfalls ab und halten Sie die Änderungen in folgender Darstellung fest.

3 | Nachhaltig Hauswirtschaften, Reinigen und Waschen

→ AUFGABE 1 C
Was ist beim Umgang mit Zitronensäure zu beachten? Schildern Sie kurz.

___

→ AUFGABE 2
Beurteilen Sie das Reinigungsergebnis eines selbst hergestellten Reinigers und vergleichen Sie es mit der Reinigungswirkung eines ähnlichen gekauften Produkts.

___

→ AUFGABE 3
Berechnen Sie den Preis eines selbst hergestellten Putzmittels und vergleichen Sie den Preis mit einem gekauften Reinigungsmittel. Berechnen Sie den Preis pro Liter.

___

→ AUFGABE 4 A
Diskutieren Sie: Ist die Herstellung von Reinigungsmitteln rentabel hinsichtlich Aufwand, Anschaffung der Zutaten, Preis und Reinigungswirkung?

___

3 Einsatz von Hausmitteln und natürlichen Reinigern

→ **AUFGABE 4 B**
Auf welche gekauften Reinigungsprodukte können Sie nicht verzichten? Begründen Sie.

→ **AUFGABE 5**
In welchen Einrichtungen sind spezielle Reiniger unerlässlich? Begründen Sie.

PROJEKT:
SIMMERING POT

Simmering Pots werden natürliche Raumdüfte genannt, die auf kleiner Flamme oder der Restwärme der Herdplatte im Topf vor sich hin „simmern". Der chemiefreie Duft ist schnell und einfach hergestellt, kann der Jahreszeit angepasst werden und ist aromatischer und natürlicher als das synthetische Spray.

Sie benötigen dafür:
- Kombination aus Äpfeln, Orangen, Limetten, Zitronen, Grapefruit, frischen Cranberrys oder Granatapfelkernen
- Kräuter wie Rosmarin, Minze, Zitronenthymian, Ingwer oder frische Tannenzweige
- Nelken, Zimtstangen, Sternanis, Vanille etc.

So gehen Sie vor:
1. Früchte in Scheiben schneiden
2. Kräuterstängel zurechtschneiden
3. Zutaten in ein Einmachglas geben
4. Mit Wasser aufgießen

Verströmt Gemütlichkeit: Orange, Granatapfel, Rosmarin und winterliche Gewürze

3 | Nachhaltig Hauswirtschaften, Reinigen und Waschen

→ **AUFGABE 6**

Welche Zutaten passen gut zusammen? Stellen Sie jeweils eine Rezeptur für einen frischen und einen wärmenden Simmering Pot zusammen.

Rezept Herbst/Winter

Menge	Zutaten	Zubereitung

Rezept Frühling/Sommer

Menge	Zutaten	Zubereitung

TIPP: Verarbeiten Sie die Schalen von Zitrusfrüchten und Äpfeln oder Birnen im Simmering Pot.

4 Nachhaltig gestalten, werken und nähen

1 Herstellung und Weiterverarbeitung von Textilien

1.1 Ressourcenaufwand: Wasser, Chemikalien, CO_2

Kleidung zählt zu unseren Grundbedürfnissen. Sie schützt vor Kälte, Regen, Schnee und Sonne. Schuhe schützen die Füße vor Verletzungen und halten sie warm. Durch Kleidung entwickeln wir einen eigenen Stil, wollen uns durch Mode ausdrücken und Zeichen setzen. Bekleidung ist also weit mehr als eine zweite Haut: Sie ist Identifikationsmerkmal und unterliegt sehr dem Wandel der Zeit. Jede Saison ändern sich Farben, Schnitte und Stil. Laut Statistischem Bundesamt werden in Deutschland ca. 4,5 % des Einkommens für Kleidung und Schuhe ausgegeben.[1] Das entspricht durchschnittlich ca. 12 Kilogramm pro Person und Jahr. Im Schrank hängen unsere Lieblingsstücke und Fehlkäufe. Es wird immerzu neue Kleidung konsumiert, auch ohne Einkäufe an die Notwendigkeit oder Bedürfnisse anzupassen. So wächst die Textilbranche stetig und zählt zu den größten Wirtschaftszweigen der Welt.

Konsumprodukt Kleidung

Seit dem 2. Weltkrieg werden Textilien in Deutschland in Massenproduktion hergestellt. Lohn- und Herstellungskosten stiegen seit 1960 hierfür rasant an. Heute werden in Deutschland größtenteils nur noch technische Textilien hergestellt. Diese werden in der Automobilindustrie, als Baumaterial und in der Medizin eingesetzt.

→ **AUFGABE 1**

Sehen Sie sich im Zimmer um und finden Sie Gegenstände aus textilem Material. Ordnen Sie die Textilien den jeweiligen Kategorien zu.

Bekleidung, z. B. Oberbekleidung, Funktionsbekleidung	**Heimtextilien**, z. B. Vorhänge, Bettwäsche, Geschirrhandtücher	**Technische Textilien**, z. B. med. Verbände, Gurte, Dämmwolle

4 | Nachhaltiges Gestalten, Werken und Nähen

Die Bekleidungsproduktion wurde nach Osteuropa, in die Türkei und später nach China, Indien und Bangladesch verlagert. Die Textilindustrie in Asien zählt dort zu den größten Wirtschaftsmotoren und schafft zahlreiche Arbeitsplätze, teilweise jedoch unter miserablen und menschenunwürdigen Bedingungen. Frauen- und Kinderarbeit, Unterbezahlung, mangelnde bis gar keine soziale Absicherung, Gesundheitsschäden und verheerende Umweltverschmutzungen sind die negativen Begleiterscheinungen dieser stetig wachsenden Branche.

Fast alle Bekleidungsketten und sogar einige Luxusmarken lassen ihre Mode in der Türkei, China oder Bangladesch herstellen. Oft geben Modeunternehmen dabei ihre Aufträge nicht direkt an herstellende Fabriken, sondern kaufen ganze Kollektionen von Subunternehmern. Somit werden die Herstellungsschritte undurchsichtig und es ist häufig unmöglich, den genauen Herkunftsort einzelner Stücke nachzuvollziehen.

WOLLEN SIE MEHR ERFAHREN?
Film: „The True Cost" von Andrew Morgan, 92 Minuten, 2015

Web-Dokumentation: „Sweatshop – Deadly Fashion", Aftenposten, 2015

→ AUFGABE 2 A
Zeichnen Sie die „Textilstaaten" Türkei, China, Indien und Bangladesch in die Karte ein.

→ AUFGABE 2 B
Recherchieren Sie die Textilherstellung in einem dieser Länder. Notieren Sie sich in Stichpunkten einige Fakten und die Quellenangaben.

_____

_____

_____

_____

_____

_____

_____

1 Herstellung und Weiterverarbeitung von Textilien

→ AUFGABE 3 A

Wählen Sie zehn Kleidungsstücke aus Ihrem Schrank und nehmen Sie Etiketten und Einnäher unter die Lupe.
Was erfahren Sie außer der Waschanleitung über das Herkunftsland, die Herstellung und das Material?

	Kleidungsstück	Herkunftsland (Made in ...)	Herstellung (z. B. *fair*, ...)	Materialzusammensetzung
1.				
2.				
3.				
4.				
5.				
6.				
7.				
8.				
9.				
10.				

→ AUFGABE 3 B

Vergleichen Sie Ihre ausgefüllte Tabelle mit den unten stehenden Fakten. Treffen diese auch auf Ihren Kleiderschrank zu?

- Über 65 % unserer Kleidung stammt auch China oder Bangladesch.
- Über 70 % sind Chemiefasern (Viskose, Modal, Lyocell, Polyamid, Polyacryl, Polyester).
- Über 25 % sind aus Baumwolle, 1 % aus Wolle oder Seide.[2]

BEISPIEL Fünf von zehn Kleidungsstücken sind in China hergestellt; das entspricht 50 %.

4 | Nachhaltiges Gestalten, Werken und Nähen

→ AUFGABE 4 A
Wählen Sie ein Kleidungsstück aus.

- Welche Informationen können Sie über die Marke und die einzelnen Herstellungsschritte dieses Kleidungsstückes herausfinden?
- Wie transparent sind die Wege der Bekleidungsindustrie?

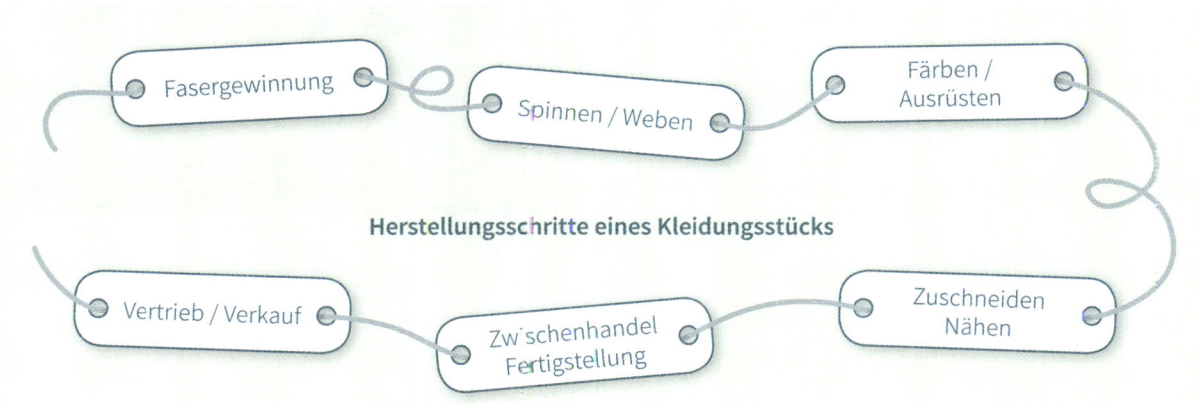

Herstellungsschritte eines Kleidungsstücks

→ AUFGABE 4 B
Finden Sie heraus, welche Umweltverschmutzungen bei den einzelnen Herstellungsschritten entstehen, z. B. hoher Wasseraufwand, Abwasserverschmutzung durch bestimmte Chemikalien, enormer Einsatz von Pestiziden und Insektiziden, CO_2-Belastung o. Ä. Ordnen Sie diese in die Tabelle ein und bewerten Sie.

Herstellungsschritt	Wasseraufwand	Chemikalieneinsatz	CO_2-Belastung
Fasergewinnung			
Spinnen und Weben			
Färben und Ausrüsten			
Zuschneiden und Nähen			
Zwischenhandel und Fertigstellung			Sehr Hoch (durch Transport mit dem Flugzeug)
Vertrieb und Verkauf			

→ AUFGABE 4 C
Präsentieren Sie die Ergebnisse zu Ihrem Kleidungsstück, indem Sie sie mithilfe von Folien, einem Plakat oder einem Präsentationsprogramm anschaulich aufbereiten.

→ AUFGABE 4 D
Vergleichen Sie die Präsentationen und beantworten Sie die folgenden Fragen:

- In welchen Ländern werden welche Fasern angebaut oder hergestellt?
- In welchen Ländern befinden sich Spinnereien und Webereien?
- In welchen Ländern werden Stoffe gefärbt, veredelt und ausgerüstet?
- In welchen Ländern wird Kleidung genäht?
- In welchen Ländern wird die Bekleidung fertiggestellt?
- In welchen Ländern werden die Kleider verkauft?

1 Herstellung und Weiterverarbeitung von Textilien

BEISPIEL **Verarbeitungsschritt „Färben"**

Beim Färben entstehen enorme Umweltbelastungen. Die giftigen Färberückstände gelangen ungefiltert ins Abwasser und verschmutzen Flüsse, Seen und Meere. Der Umstand, dass Bangladesch und Indien noch keine strengen Umweltauflagen und Gesetze haben, macht die Produktion sehr günstig und dauerhaft attraktiv für die Auftraggeber.

Verschmutzter Fluss in Bangladesch

→ Anleitung zum Stofffärben mit Pflanzenfarben, Kapitel 4, 2.1, S. 93

TIPP Waschen Sie Ihre Kleidung vor dem ersten Tragen in der Maschine, um giftige Färberückstände auszuspülen.

1.2 Textilindustrie China: Weltmarktführer in der Kritik

China ist seit Mitte der 1990er-Jahre Weltmarktführer bei der Herstellung von Textilien für Bekleidung und Heimtextilien. Die Wirtschaft boomt, über 50 000 Fabriken wurden gebaut und die Herstellungskosten bleiben seit Jahrzehnten gering. Energie und Arbeitskräfte sind nach wie vor billig.

Mangelnde Auflagen für die Fabrikbetreiber und lasche Gesetze der Regierung führen zu einer enormen Umweltverschmutzung. Abwässer mit giftigen Chemikalien werden in saubere Flüsse und Meere gepumpt, teilweise versickern sie einfach im Boden. Daher sind über 60 % der Gewässer in China belastet oder verseucht. Das Trinkwasser für Millionen Menschen ist durch Rückstände der Textilproduktion, insbesondere der Färbereien, verunreinigt. Smog und CO_2-Ausstoß der Fabriken sind eine gesundheitsschädliche Belastung für die Bevölkerung Chinas und der angrenzenden Länder.

Bekleidungsnäherinnen in einer chinesischen Textilfabrik

Seit 2015 gibt es in China strengere Gesetze, um der Umweltverschmutzung entgegenzuwirken. Zahlreiche Fabriken wurden seither geschlossen oder kostspielig umgebaut, um die Umweltbelastung gering zu halten. Die Produktionskosten stiegen dadurch deutlich an und die Auftraggeber haben ihre Produktion in andere asiatische oder afrikanische Länder verlagert. Für die Wirtschaftskraft dieser Länder mag das für die nächsten Jahrzehnte eine Chance sein. Wenn auch hier allerdings in Zukunft Umweltgesetze fehlen und Menschen durch extrem niedrige Lohnkosten ausgebeutet werden, wird das Problem der hohen Umweltbelastung und fehlender Nachhaltigkeit bloß verschoben.

WOLLEN SIE MEHR ERFAHREN?

Broschüre: „Giftige Garne. Der große Textilien-Test von Greenpeace", Greenpeace e. V., 2012, www.greenpeace.de

Themenheft: „Mode und Textil", Ministerium für Umwelt, Klima und Energiewirtschaft Baden-Württemberg, 9/2014, www.um.baden-wuerttemberg.de

4 | Nachhaltiges Gestalten, Werken und Nähen

⟶ AUFGABE 5

Lesen Sie den Text und nehmen Sie Stellung dazu:

- Diskutieren Sie die Versäumnisse in Chinas Umweltpolitik.
- Wie bewerten Sie den Trend der Umorientierung in Richtung Afrika?
- Welchen Vorteil bietet Afrika bei der Textilherstellung (Stichwort: Baumwollanbau)?

⟶ AUFGABE 6

Wie viel geben Sie für Kleidung aus? Wie lange tragen Sie Ihre Mode im Durchschnitt? Markieren Sie Preis und Dauer in der Auflistung.

	Maximaler Preis in €						Tragedauer in Monaten						
	0	25	50	75	100	125	3	6	9	12	18	24	36	72
T-Shirt	○	○	○	○	○	○	○	○	○	○	○	○	○	○
Jeans/Stoffhose	○	○	○	○	○	○	○	○	○	○	○	○	○	○
Jacke/Mantel	○	○	○	○	○	○	○	○	○	○	○	○	○	○
Pullover/Sweatshirt	○	○	○	○	○	○	○	○	○	○	○	○	○	○
Ein Paar Socken	○	○	○	○	○	○	○	○	○	○	○	○	○	○
Skibekleidung, Wanderhose	○	○	○	○	○	○	○	○	○	○	○	○	○	○

⟶ AUFGABE 7 A

Warum sortieren Sie Kleidung aus? Nennen Sie vier Gründe.

1. _____

2. _____

3. _____

4. _____

1 Herstellung und Weiterverarbeitung von Textilien

→ AUFGABE 7 B
Was geschieht mit Ihrer Altkleidung? Geben Sie eine Reihenfolge an.

○ Weitergereicht an Familienmitglieder/Freunde   ○ Restmüll

○ Altkleider-Container   ○ Verkauf/Flohmarkt

○ Neue Funktion (Lappen etc.)   ○ Direkte Spende (Wohnheime etc.)

→ AUFGABE 7 C
Welche Vorgehensweise ist am nachhaltigsten? Begründen Sie Ihre Auswahl.

_____

_____

_____

_____

_____

→ AUFGABE 8
Wie können Sie dem Konsum entgegenwirken? Zählen Sie drei Möglichkeiten auf.

1. _____

_____

2. _____

_____

3. _____

_____

> **TIPP** **So hält Kleidung länger:**
> - Kleidung nur waschen, wenn nötig
> - T-Shirt oder Longsleeve unter Pullover tragen
> - Kalt waschen schont die Wäsche
> - Fleckenreinigung, anstatt zu waschen
> - Kleidung einfrieren, anstatt zu waschen
> - Wollpullover lüften, anstatt zu waschen
> - Kleidung vor Motten schützen
> - Kleidung ausbessern

→ AUFGABE 9
Wählen Sie ein Kleidungsstück aus, das Sie nicht mehr tragen und entwickeln Sie daraus einen neuen Gegenstand (Tasche, Accessoire, Wohnaccessoire) oder sogar ein neues Kleidungsstück. Zeichnen Sie einen Entwurf und beschreiben Sie Ihre Vorgehensweise. Stellen Sie Ihr Projekt anschließend vor.

Idee: _____

| Entwurf | Vorgehensweise: |

1.3 Kunstfasern

Zukunft der Textilbranche zur Einsparung von Ressourcen?

Baumwolle war früher Hauptfaserstoff in der Bekleidungsindustrie. In den letzten Jahrzehnten wurde sie aber von den chemischen Fasern überholt. Nur noch ein Drittel unserer Kleidung ist aus Baumwolle hergestellt, über 70 % und fast alle modernen Sport- und Freizeittextilien sind aus Kunst- bzw. Chemiefasern hergestellt.

Die Herstellung von Textilien aus Kunst- und Chemiefasern erfordert Erdöl. Das ist ein Rohstoff, der nicht regenerativ, d. h. nicht nachwachsend ist. Zur Herstellung von Kunstfasern wird doppelt so viel Energie wie bei der Baumwollproduktion benötigt. Hingegen fällt der komplette Anbau, die aufwendige Ernte und die Reinigung weg. Die Fasern können auch bereits bei der Herstellung in der gewünschten Farbe eingefärbt werden. Die Farbe ist dadurch sehr haltbar und intensiv. Chemiefasern sind außerdem sehr langlebige Fasern. Sie sind zudem sehr gut recyclingfähig. Biologisch abbaubar sind die Kunstfasern jedoch nicht.

Kunstfaserherstellung

Baumwolle benötigt zum Wachstum und später bei der Reinigung weniger Energie, dafür aber sehr viel Wasser. Außerdem ist Baumwolle sehr anfällig für Schädlinge, sodass bei ihrem Anbau das Spritzen einer hohen Menge an Pestiziden und Insektiziden die Umwelt belasten. Überdies werden bei der Ernte giftige Welkemittel verwendet, um die Baumwolle schneller von der Pflanze zu trennen.

WUSSTEN SIE?
Für die Herstellung eines T-Shirts aus Baumwolle sind ca. 2 000 Liter Wasser nötig.

Um die Baumwolle nach der Ernte zu spinnen, zu weben und zu färben, unternimmt sie nicht selten eine halbe Weltreise. Baumwolle ist jedoch nicht sehr langlebig, sie verliert nach einigen Wäschen ihre Stabilität und Farbe. Sie kann jedoch in der Natur gut abgebaut werden.

1 Herstellung und Weiterverarbeitung von Textilien

→ **AUFGABE 10**

Vergleichen Sie aufgrund der Informationen im Text beide Fasern hinsichtlich ihrer Nachhaltigkeit. Füllen Sie die Tabelle aus (gering, mittel, hoch, sehr hoch, nicht vorhanden) und bewerten Sie.

Umweltbelastung	Kunstfaser	Baumwolle
Rohstoff	*Erdöl*	*Baumwolle*
Energieaufwand bei der Herstellung		
Wasserverbrauch bei der Herstellung		
Abholzung		
Produktion vor Ort		
CO_2-Verbrauch		
Belastung der Umwelt durch Pestizide und Insektizide		
Farbannahme		
Farbstabilität		
Haltbarkeit		
Recyclingfähigkeit	*Hoch*	*Niedrig*
Abbaubar	*Nein*	*Ja*

FAZIT

Fazit
↓
Nachhaltige Fasern sind Fasern, die lange genutzt werden.

WUSSTEN SIE?

Der Begriff „Upcycling" bezeichnet die Wiederverwertung von _____ _____

Anders als beim Recycling oder Downcycling (→ Kapitel 4, 1.6, S. 90) kommt es beim Upcycling zu einer stofflichen Aufwertung.

Erstnutzung, z. B. _____

Zweitnutzung, z. B. _____

Upcycling = Wiederverwertung/Aufwertung

4 | Nachhaltiges Gestalten, Werken und Nähen

PROJEKT: UPCYCLING
Aus Alt mach Neu – einem alten Kleidungsstück neuen Nutzen geben!

1. Gründen Sie Arbeitsgruppen mit drei bis fünf Gruppenmitgliedern.
2. Vergleichen Sie Ihre Projektideen (→ Kapitel 4, 1.2, Aufgabe 9, S. 84) und wählen Sie in der Gruppe eine kreative Idee aus, die sich gut in die Praxis umsetzen lässt.
3. Setzen Sie die Projektidee praktisch um: Stellen Sie in der Gruppe einen Prototypen her.
4. Bewerten und verbessern Sie den Prototypen. Stellen Sie sich folgende Fragen:
   - Eignet sich das Material?
   - Ist die Funktion gegeben?
   - Wird viel zusätzliches, neues Material benötigt?
   - Ist die Idee des Upcyclings noch gegeben?
5. Planen Sie die Herstellung weiterer Gegenstände zeitlich, finanziell und nachhaltig.
   - Wie viele Gegenstände werden hergestellt?
   - Kann genügend Upcycling-Material dafür aufgebracht werden?
   - Ist die Produktion an sich nachhaltig (Stromkosten, Wasserverbrauch, Müllentstehung)?
6. Stellen Sie in der Klasse Ihre produzierten Gegenstände vor – vergleichen Sie die Ergebnisse angesichts der Kreativität, Nachhaltigkeit und eines möglichen Verkaufserfolgs.
7. Finden Sie eine geeignete Verkaufsplattform für Ihr Upcycling-Projekt.

- Schule, Freundes-, Familien- und Bekanntenkreis, z. B. _____

- Lokale Vereine, Geschäfte, z. B. _____

- Online, z. B. _____

1.4 Textilveredelung

Arten der Ausrüstung: notwendig oder verzichtbar?

Nahezu alle Textilfasern werden mit einer oder mehreren neuen Eigenschaften ausgerüstet (= veredelt). Dadurch werden sie pflegeleichter, atmungsaktiver, bekommen ein neues Aussehen oder bessere Griffigkeit. Da jedoch die Fasern nach und nach mit den diversen Ausrüstungen behandelt werden, müssen sie dazwischen immer wieder chemisch gereinigt und die Rückstände ausgewaschen werden.

Man unterscheidet drei Arten der Ausrüstung:

- die chemische Ausrüstung,
- die mechanische Ausrüstung und
- die thermische Ausrüstung.

Jedes Veredelungsverfahren ist ressourcenintensiv, die chemischen Ausrüstungen sind jedoch besonders belastend für Umwelt und Gesundheit. Der Gebrauch von umweltbelastenden chemischen Mitteln und der enorm hohe Wasser- und Energieverbrauch stellt die Notwendigkeit einzelner Veredelungsverfahren infrage.

1 Herstellung und Weiterverarbeitung von Textilien

—→ AUFGABE 11 A
Finden Sie Beispiele und eventuell die Handelsnamen zu den verschiedenen Ausrüstungsverfahren.

Chemische Ausrüstung: Änderung der Trageeigenschaften	Pflegeleicht	
	Bügelfrei	
	Filzfrei	
	Antimikrobiell	
	Wasserabweisend	
	Schwer entflammbar	
	Mottenfrei	
	Einlaufsicher	
Mechanische und thermische Ausrüstung: Änderung der Optik und Haptik	Glätten/glänzen	
	Aufrauhen	
	Plissieren	

—→ AUFGABE 11 B
Bewerten Sie die einzelnen Verfahren hinsichtlich ihrer Notwendigkeit.

—→ AUFGABE 12
Welche Veredelungsverfahren sind besonders umweltbelastend? Recherchieren Sie und zählen Sie auf.

___
___
___
___
___
___

BEISPIEL

Jeans – gebleicht, stonewashed und Used Look

Jeder hat dieses Kleidungsstück im Schrank, oft mehrfach: die Jeans. Sie kommt nie aus der Mode, ist durch ihre Köperbindung extrem haltbar und wird am liebsten in einer getragenen, gebrauchten Optik gekauft.

Der sogenannte Used Look kommt durch aufwendige Veredelungsverfahren zustande. Die Hose wird gebleicht, abgeschmirgelt, an einigen Stellen zerrissen, mit Flecken versehen oder sandgestrahlt. Besonders das Verfahren für sandgestrahlte Jeans ist gesundheitsschädlich für die anwendenden Personen. Sie können beispielsweise an einer Staublunge erkranken. Das Verfahren wird in der Textilindustrie geächtet, kommt aber immer noch in der Türkei und China zum Einsatz.

Sandgestrahlte Jeans

Nach dem Veredeln wird die Jeans bis zu 20-mal gewaschen, um die Rückstände der verschiedenen Chemikalien auszuspülen. Diese gehen ungefiltert in die Abwassersysteme. Dennoch bleiben Rückstände in den Textilien erhalten, können sie durch Schwitzen aus der Kleidung gelöst werden und Allergien und Krankheiten auslösen. Zudem gehen die so behandelten Jeans schneller kaputt und belasten Umwelt und Gesundheit durch den immensen Chemikalieneinsatz.

FAZIT

Fazit

Auf den Kauf von Jeans im Used Look sollte verzichtet werden – echte Tragespuren bekommt die Jeans nach einiger Zeit vom Tragen und Waschen von selbst.

1.5 Nachhaltiger Rohstoffanbau am Beispiel der Baumwolle

Indien produziert drei Viertel der weltweit angebauten Bio-Baumwolle. Andere große Anbauländer sind China, Kirgisistan und die Türkei. Jedoch stammt erst ein Prozent des gesamten Baumwollanbaus aus zertifiziertem Bio-Anbau.[3] Der Bio-Anbau ist aufwendiger, er schont jedoch die Umwelt.

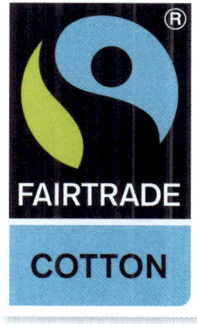 

Fairtrade-Siegel für Baumwolle   *GOTS-Siegel für strenge ökologische Kriterien*

→ AUFGABE 13

Welche Kriterien zeichnen den Anbau von Bio-Baumwolle aus? Recherchieren Sie und nennen Sie fünf Kriterien.

_____
_____
_____
_____

1 Herstellung und Weiterverarbeitung von Textilien

Das GOTS-Siegel setzt bei der Rohbaumwolle auf nationale und internationale anerkannte Bioanbaustandards sowie auf strenge soziale und ökologische Kriterien entlang der gesamten Textilproduktionskette: bei der Fasergewinnung und -aufbereitung, dem Spinnen oder Weben, Färben und Ausrüsten, dem Nähen und Fertigstellen. Um das Fairtrade-Siegel für Baumwolle zu erhalten, müssen strenge Standards eingehalten werden, u. a.:

- Stabile Mindestpreise für die Ernteerträge
- Gerechter Lohn, verbesserte Arbeitsbedingungen
- Krankenversicherung für die Arbeiter und deren Familie
- Zugang zur Schule für Kinder, eventuell anfallende Gebühren werden bezahlt
- Kinderarbeit ist verboten

FAZIT

Fazit
↓
Fair gehandelte und biologisch angebaute Baumwolle = nachhaltiger Baumwollanbau

1.6 Rückgewinnung und Textilrecycling

Weiterverwendung, Downcycling, Recycling

Die Entsorgung von Kleidung und Heimtextilien stellt seit Langem ein Problem dar. Jährlich werden über eine Millionen Tonnen Altkleider aussortiert.[5] Genauso viele Heimtextilien müssen jedes Jahr entsorgt werden. Insbesondere die riesigen Mengen an stark verschmutzten Teppichböden stellen ein Problem dar und können kaum recycelt werden.

Etwa 60 % der Kleidungsstücke werden einem Altkleidercontainer zugeführt, die restlichen Textilien in den Hausmüll geworfen. Wenn man bedenkt, dass die meisten Textilien noch zwei Drittel ihres Lebens vor sich haben, ist die Weitergabe von Kleidung wohl die sinnvollste Art der Wiederverwertung.

Etwa 40 % der Altkleider werden nach dem Sortieren (meist in Belgien oder Italien) an Second-Hand-Läden verkauft, an Bedürftige gespendet oder ins Ausland verschifft, meist nach Afrika. Die Textilkette wird dadurch global fortgeführt und verursacht hierdurch erneut erhebliche CO_2-Belastungen.

Altkleidung wird sortiert

Nicht mehr tragbare Textilien (ca. 35 %) der gesammelten Altkleider werden zu Putzlappen, Vlies- und Dämmmaterial und in der Autoindustrie verarbeitet.

Das Recycling von Kleidung und textilem Material ist jedoch mit erheblichem Energieaufwand verbunden. Folgende Kriterien erschweren es, das Rohmaterial zurückzugewinnen:

- Materialmix
- Verschiedene Ausrüstungen und Veredelungen
- Polyestergarnnähte
- Reißverschlüsse
- Knöpfe
- Applikationen

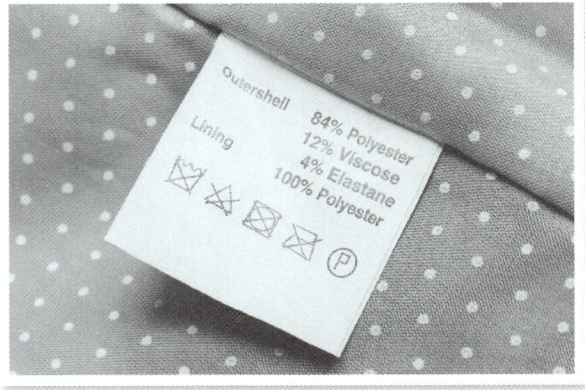

Textiletikettangabe: Mischmaterial

WUSSTEN SIE?

Das Weiterverwenden von Textilien mit neuem Nutzen, meist ein qualitativ schlechteres Endprodukt, nennt man Downcycling.

4 | Nachhaltiges Gestalten, Werken und Nähen

FAZIT

Fazit

Die Textilkette muss sich zu einem Textilkreislauf wandeln und in allen Verarbeitungsschritten transparent sein.

WUSSTEN SIE?

Das sortenreine Recycling von Textilien ist durch den höheren Energieaufwand weniger nachhaltig als die Herstellung einer neuen Faser. Um Textilien energieschonend und nachhaltig recyceln zu können, müssen Änderungen in der Textilkette wirksam werden. Material, Ausrüstung und Fertigung müssen schon im Vorfeld an die Recycling-Bedingungen angepasst werden. Auf Fasermischungen, Applikationen und vielfaches Anbringen von Verschlüssen muss verzichtet werden.

BEISPIEL

Fleecejacken aus PET-Flaschen

Seit einigen Jahren werden PET-Flaschen nach Asien (meistens China) verschifft, um dort zerkleinert, gesäubert und geschmolzen zu werden. Aus dem „neuen" Polyethylenterephthalat wird eine neue Faser gesponnen, die danach vorwiegend zu Fleecestoffen verarbeitet wird. Der Vorgang ist wegen seines hohen Chemikalien- und Energieverbrauchs genauso ressourcenintensiv wie das Spinnen komplett neuer Kunstfasern. Zudem werden die fertigen Produkte (Jacken, Decken) in die Verkaufsländer transportiert, was sich schlecht auf die CO_2-Bilanz auswirkt.

Recycelbare PET-Flaschen

→ AUFGABE 14

Beantworten Sie folgende Fragen:

- Wieso werden die PET-Flaschen nicht in dem Land eingeschmolzen und weiterverarbeitet, in dem sie in den Müll geworfen werden?
- Ist es dennoch nachhaltig, eine Jacke oder Decke aus recyceltem Material zu kaufen?
- Nicht nur Getränke sind in PET-Flaschen abgefüllt. Zählen Sie weitere Lebensmittel auf, die in PET-Flaschen verpackt sind.
- Wie können Sie PET-Flaschen vermeiden?

→ AUFGABE 15 A

Viele Hersteller bieten die Rücknahme gebrauchter Kleidung an und versprechen Rabatte bei Neukauf. Wie bewerten Sie diesen Trend? Ist dieses Verfahren nachhaltig oder regt es zum weiteren Konsum an?

→ AUFGABE 15 B

Machen Sie den Test! Bei welchem Hersteller oder Textileinzelhändler können Sie Ihre Kleidung zurückgeben? Welche Angebote können Sie dadurch nutzen? Zählen Sie auf.

EXKURS
Umweltkatastrophe Aralsee

Der Aralsee liegt in Zentralasien zwischen Kasachstan und Usbekistan. Die Austrocknung und Verlandung des Sees ist eine der größten Umweltkatastrophen des letzten Jahrhunderts. Der bewässerungsintensive Anbau von Baumwolle in der Wüste des Aralbeckens ist der Grund der vom Menschen gemachten Katastrophe.

Laut dem World Wide Fund For Nature (WWF) wurde dem See und seinen beiden großen Zuflüssen durch Wasserumleitungen für die Bewässerung von Landwirtschaftsflächen zwischen 1960 und 2010 mehr als 85 % seines Wassers entzogen.[6] Durch die Versalzung des Gewässers starben zudem die Fische. Der Einsatz von Düngemitteln und Pestiziden (u. a. auch das hochgiftige Entlaubungsmittel „Agent Orange") verschmutzte das Gebiet um den Aralsee großläufig und ist verantwortlich für Gesundheitsschäden der Bevölkerung: Atemwegs-, Krebserkrankungen sowie eine hohe Sterblichkeitsrate bei Kindern sind die Folge. Da die Herbizide und Pestizide eine lange Verweildauer in der Natur haben, gelangen sie noch heute über die Nahrung in den Lebensmittelkreislauf. Der See ist mittlerweile in viele kleine Seen zerfallen, das Gebiet schwer umweltverschmutzt und durch den Wegzug der Bevölkerung stark verwaist.

Schiffsfriedhof im Aralsee

Ursprüngliche Ausdehnung des Aralsees

→ AUFGABE 1

Lesen Sie den Informationstext aufmerksam durch. Diskutieren Sie in der Gruppe und versuchen Sie, nachfolgende Fragen zu beantworten:

- Welchen Vorteil hat der Baumwollanbau in der kargen Region Kasachstans und Usbekistans gehabt?
- Hätte die Umweltkatastrophe verhindert werden können? Von wem?
- Welche Länder haben noch mit den Folgen zu kämpfen?

2 Nachhaltige Projekte aus dem Bereich „Textiles Gestalten/Werken"

2.1 Stofffärben mit Pflanzenfarben

Stoffe können mit Pflanzenfarben aus der Natur gefärbt werden. Das ist nicht nur schonend für die Umwelt, sondern auch gesund für Haut und Organismus. Nicht wenige allergische Reaktionen oder Hautirritationen sind auf die chemischen Farbstoffe (besonders dunkle Farben) in der Kleidung zurückzuführen (→ Kapitel 4, 1.1, S. 82).

PROJEKT: STOFFFÄRBEN

Das benötigen Sie für ein Beizbad:
- Unbehandelte Baumwolle oder Viskose
- 50 g Alaun, 15-prozentig (Aluminiumkaliumsulfat, rezeptfrei aus der Apotheke, in kleinen Mengen ungiftig, ähnlich Kochsalz) für 250 g Stoff
- 250 ml und 5 l Wasser
- Topf
- Kochlöffel
- Küchenthermometer

Das benötigen Sie für ein Färbebad:
- Naturmaterialien (→ Abb. B, S. 94)
- Teefilter, Wollreste zum Zubinden
- Topf
- Kochlöffel
- 2 bis 3 l Wasser und Wasser zum Nachspülen
- Etwa 250 ml Essig (zum Nachspülen)

So gehen Sie vor:

1. Beizen (→ Abb. A, S. 94)
   - 50 g Alaun in 250 ml Wasser auflösen und auf ca. 80 bis 90 °C erhitzen
   - Beize abkühlen lassen und mit 5 l kaltem Wasser verdünnen
   - Stoff in der Beize einweichen und langsam auf 60 bis 70 °C erhitzen
   - Beizbad abkühlen lassen, Stoff herausnehmen und auswringen

   Der Beizprozess befreit die Faser von diversen Ausrüstungen und raut die Oberfläche auf.

2. Färben (→ Abb. B und C, S. 94)
   - Naturmaterialien in einen Teefilter geben und mit Wollresten zubinden
   - 2 bis 3 l Wasser in einen Topf füllen, Teefilter mit Färbematerial zugeben und für eine Stunde köcheln lassen, anschließend Teefilter herausnehmen (= Färbeflotte)
   - Stoff mehrere Stunden in der Färbeflotte einweichen, gelegentlich umrühren, um ein einheitliches Farbergebnis zu gewährleisten

   Je länger der Stoff in der Färbeflotte verweilt, desto intensiver ist das Farbergebnis.

3. Fixieren
   - Stoff aus Färbeflotte nehmen und Färbeflotte mit viel klarem Wasser ausspülen
   - Dem letzten Spülvorgang 250 ml Essig zugeben

Der Essig fixiert die Farbe im Stoff (→ Abb. D, siehe unten).

Abb. A: Beizbad mit Alaun

Abb. B: Kurkuma, Karotte, Zwiebel und schwarzer Tee für die Färbeflotte

Abb. C: Färbeflotte von Schwarztee, roter Zwiebel und Kurkuma

Abb. D: Stoffstücke trocknen nach der Essigspülung

→ AUFGABE 1

Testen Sie verschiedene Naturfarben und füllen Sie die Tabelle aus:

Färbemittel	Eignung (Färbeflotte nimmt Farbe an)	Farbe und Farbintensität	Haltbarkeit (waschecht, lichtecht)
Schwarzer Tee			
Kaffee			
Walnussschalen			
Apfelrinde/-zweige			
Zwiebel			
Karotte	*Nicht geeignet*	–	–
Kurkuma			
Himbeere			
Rotkraut			
Rote Bete			
_____			
_____			

⟶ **AUFGABE 2**

Kleben Sie ein kleines Stoffstück Ihrer besten Färbeergebnisse hier ein:

_____

_____

_____

TIPP Sie können auch Schurwolle nach dieser Methode färben! Nutzen Sie auch den sogenannten zweiten Zug (= zweites Färbebad in der gleichen Flotte) für ein abgeschwächtes Farbergebnis.

2.2 Butterbrottüte aus Wachstuch nähen

Die wiederverwendbaren Tüten aus alten Wachstischdecken können vielseitig eingesetzt werden: als Pausenbrottüte und zur Snackaufbewahrung, als Kosmetiktäschchen oder als Tüte für die feuchten Badesachen nach dem Schwimmbad. Das Multitalent lässt sich schnell herstellen, leicht reinigen und benötigt zusammengefaltet kaum Platz.

TIPP Stellen Sie gleich mehrere Tüten in verschiedenen Größen her – passen Sie dazu die Ausschnitte der Ecken an.

2 Nachhaltige Projekte aus dem Bereich „Textiles Gestalten/Werken"

PROJEKT:
BUTTERBROTTÜTE

Das benötigen Sie:
- Schnittpapier DIN A4
- Bleistift, Schere
- Wachstuch ca. 22 · 62 cm
- Passendes oder kontrastierendes Nähgarn
- Wäsche- oder Foldback-Klammern
- Schneiderschere, Kreide
- Nähmaschine

So gehen Sie vor:
1. Zuschneiden
   - Schnitt erstellen
   - Schnitt im Bruch auflegen, Wachsstoff zuschneiden (→ Abb. A, siehe unten)
   - Wachsstoff auf links legen und Stoff klammern

2. Außenkanten klammern und schließen
   - Außenkanten füßchenbreit nähen (→ Abb. B, siehe unten)
   - Die erste Ecke so auseinanderziehen, dass die Seitennaht exakt in der Mitte liegt, klammern und füßchenbreit nähen
   - Die zweite Ecke ebenso bearbeiten
   - Tüten wenden und Ecken vorsichtig nach außen arbeiten
   - An der oberen Öffnung 1 cm Nahtzugabe nach innen bücken, klammern und absteppen

3. Absteppen
   - Kante der Vorderseite parallel zur Seitennaht falten und klammern (→ Abb. C, S. 97)
   - Gegenüberliegende Kante der Vorderseite und den Boden ebenso falten und klammern
   - Kante bis zum Boden schmalkantig absteppen, Nadel im Stoff stecken lassen, Tüte um 90 Grad drehen, Boden absteppen, erneut drehen und die zweite Seitenkante schmalkantig absteppen (→ Abb. D, S. 97)
   - Kanten und Boden der Rückseite ebenso arbeiten

Auch für Studentenfutter: Butterbrottüte

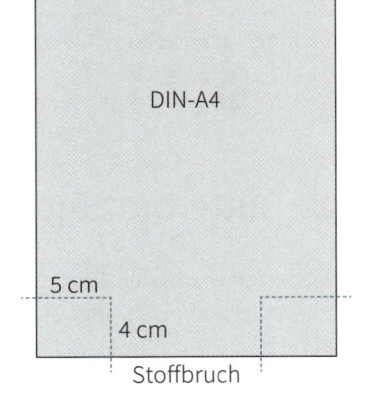

Schnitt Butterbrottüte

WUSSTEN SIE?
Um das passende Nähgarn auszuwählen, wickeln Sie das Garn ab und halten Sie es über den Stoff. Die Farbe des gespulten Nähgarnes ist ein paar Nuancen dunkler.

Abb. A: Stoff im Bruch zuschneiden

Abb. B: Außenkanten klammern und schließen

4 | Nachhaltiges Gestalten, Werken und Nähen

Abb. C: Seiten zum Absteppen vorbereiten

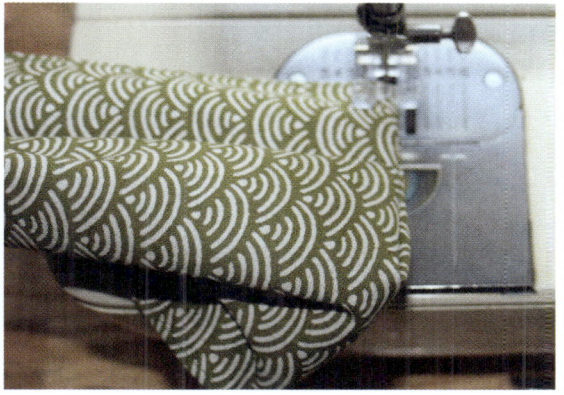

Abb. D: Boden absteppen

→ AUFGABE 3
Überlegen Sie sich weitere geeignete Verschlussmöglichkeiten für die Butterbrottüte.

- Foldback-Klammer
- Wäscheklammer

- _____
- _____
- _____

> **WUSSTEN SIE?**
>
> Sie können Baumwolle mit spezieller Bügelfolie (z. B. Lamifix von Vlieseline) beschichten, um den Stoff wasserabweisend und abwischbar zu machen. Waschbar in der Maschine ist der Stoff jedoch nicht!

→ AUFGABE 4 A
Machen Sie den Versuch: Beschichten Sie Baumwolle mit Klarsichtfolie oder Bücherfolie selber.

PROJEKT:
WASSERABWEISENDE BAUMWOLLE

Das benötigen Sie:
- Baumwollstoffreste
- Frischhaltefolie oder matte Bücherfolie
- Backpapier
- Bügeleisen/Bügelbrett

So gehen Sie vor:
- Backpapier auf ein Bügelbrett legen
- Baumwollstoff mit der rechten Seite nach oben auf das Backpapier legen
- Bücherfolie bzw. Frischhaltefolie auf den Stoff legen und glattstreichen
- Backpapier auf die Folie legen
- Vorsichtig über das Backpapier bügeln, die Temperatur dazu schrittweise erhöhen

→ AUFGABE 4 B
Beantworten Sie folgende Fragen und bewerten Sie die Methode:

- Knittert der Stoff?
- Ist der Stoff wasserabweisend?
- Löst sich die Folie nach einiger Zeit ab?
- Lässt sich der Stoff waschen?

2 Nachhaltige Projekte aus dem Bereich „Textiles Gestalten/Werken"

Notieren Sie kurz in Stichpunkten:

___

2.3 Utensilo aus Plastikwolle häkeln

Umweltproblem Plastiktüten

Deutschland liegt mit einem Pro-Kopf-Verbrauch von ca. 70 Plastiktüten jährlich deutlich unter dem EU-Durchschnitt von 200 Tüten pro Kopf. Jedoch soll der Verbrauch bis 2025 unter 40 Tüten schrumpfen.

Knapp ein Zehntel der Tragetaschen aus Polyethylen (PE) landen in der Umwelt und im Meer. Dort zerfallen die Tüten mit der Zeit in Mikroteilchen (Mikroplastik). Diese gelangen dann über Fische und Meerestiere in unsere Nahrungskette (→ Kapitel 5, 2.1.1, S. 119).

→ AUFGABE 5
Nennen Sie Möglichkeiten zur Einsparung von Plastiktüten.

1. ___
2. ___
3. ___
4. ___
5. ___

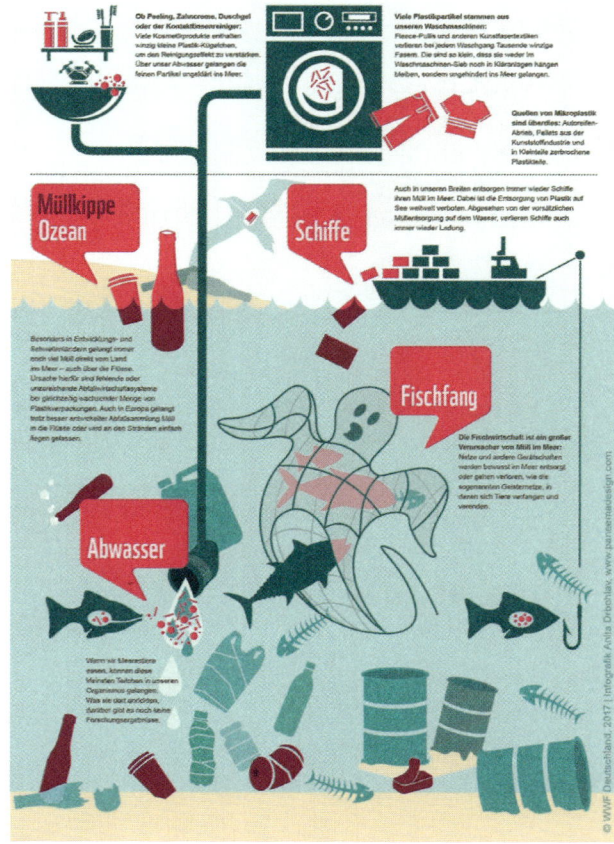

Plastikmüll im Meer

4 | Nachhaltiges Gestalten, Werken und Nähen

PROJEKT:
UTENSILO

Das benötigen Sie:
- Plastiktüten
- Schere
- Handmaß
- Häkelnadel

> **WUSSTEN SIE?**
> Eine „Hemdchentüte" ergibt 8 m „Plastikwolle" (bei einer Streifenbreite von 2 cm).

So gehen Sie vor:
1. Plastikwolle herstellen
   - „Hemdchentüte" gefaltet auf den Tisch legen und glatt streichen
   - Boden und Träger abschneiden (→ Abb. A, siehe unten)
   - „Hemdchentüte" an der vertikalen Mittellinie falten (insgesamt dreimal)
   - Etwa 2 cm breite Stücke abschneiden
   - Stücke öffnen und mit einer Schlinge verbinden (→ Abb. B, siehe unten)
   - „Plastikwolle" aufwickeln, die ersten Runden über den Finger, danach das Knäuel immer im 45-Grad-Winkel drehen und weiterwickeln

2. Utensilo häkeln
   - Fadenring anschlagen oder fünf Luftmaschen zum Ring schließen (erste Reihe)
   - In den Ring sechs feste Maschen häkeln
   - Jede Runde sechs Maschen zunehmen laut folgender Regel:

Utensilo aus Plastikwolle

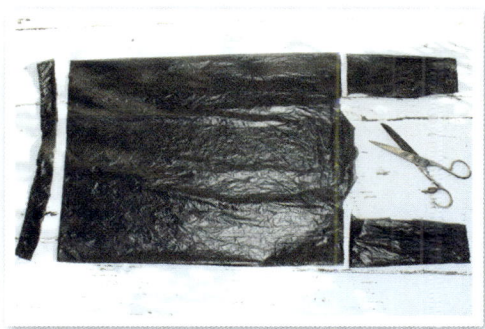

Abb. A: *Hemdchentüte zuschneiden*

Abb. B: *Plastikstücke verbinden*

1. Runde	in jede Masche 2 feste Maschen häkeln	12 Maschen
2. Runde	in jede 2. Masche 2 feste Maschen häkeln	18 Maschen
3. Runde	in jede 3. Masche 2 feste Maschen häkeln	24 Maschen
4. Runde	in jede 4. Masche 2 feste Maschen häkeln	30 Maschen
5. Runde	in jede 5. Masche 2 feste Maschen häkeln	36 Maschen
6. Runde	in jede 6. Masche 2 feste Maschen häkeln	42 Maschen
7. Runde	in jede 7. Masche 2 feste Maschen häkeln	48 Maschen

Diesen Vorgang so lange wiederholen, bis die gewünschte Bodengröße für das Utensilo erreicht ist.
Wand in Runden häkeln (ohne Zunahmen) bis gewünschte Höhe erreicht ist, danach Plastikwolle abschneiden und vernähen.

2 Nachhaltige Projekte aus dem Bereich „Textiles Gestalten/Werken"

→ AUFGABE 6

Wie können Sie das Utensilo ausgestalten? Nennen Sie mehrere Gestaltungsmöglichkeiten, z. B. Anbringung von Henkeln.

___

→ AUFGABE 7 A

Welche weiteren nützlichen Accessoires und Gegenstände können Sie anhand dieser Grundanleitung entwickeln? Zählen Sie auf.

___

→ AUFGABE 7 B

Skizzieren Sie hier eine weitere Idee zur Verwertung von Plastiktüten (Zeichnung, kurze Notiz o. Ä.).

Plastiktüten-Upcycling

2.4 Lavendeldruck auf Baumwollstoff

Bei diesem Umdruckverfahren dient das natürliche Lavendelöl als Lösungsmittel. Tonerdrucke werden bei dieser Technik auf Baumwollstoffe übertragen. Lampenschirme, Einkaufstaschen, T-Shirts oder Kissenhüllen können so individuell gestaltet werden.

4 | Nachhaltiges Gestalten, Werken und Nähen

PROJEKT:
LAVENDELDRUCK

Das benötigen Sie:
- Weißer/heller Baumwollstoff
- Tonerdruck des Motives (spiegelverkehrt bei Schrift)
- Lavendelöl
- Borstenpinsel
- Kochlöffel
- Saugfähiges Papier oder Pappe
- Kreppklebeband
- Bügeleisen
- Backpapier

TIPP Wenn das Motiv Schrift enthält, müssen die Vorlagen vor dem Druck gespiegelt werden (Druckereinstellungen anpassen).

So gehen Sie vor:
1. Druck vorbereiten
    - Motiv drucken und zuschneiden
    - Arbeitsplatz vorbereiten
        - Saugfähiges Papier als Unterlage ausbreiten
        - Baumwollstoff bügeln und faltenfrei auf der Unterlage positionieren
        - Motiv mit Kreppklebeband fixieren (→ Abb. A, siehe unten)

2. Farbe ablösen und transferieren
    - Lavendelöl mit dem Pinsel auftragen und verstreichen, das Papier sollte gut durchweichen (→ Abb. B, siehe unten)
    - Motiv mit dem Kochlöffel auf den Stoff ca. 3 bis 4 Minuten durchreiben, dabei starken Druck ausüben (→ Abb. C, siehe unten)
    - Lavendelöl weitere 4 bis 5 Minuten einwirken lassen, eventuell Druck überprüfen
    - Motiv ablösen und den fertigen Druck 1 bis 2 Stunden trocknen lassen (→ Abb. D, S. 102)
    - Backpapier auf den Druck legen und die Farbe des Druckes mit dem Bügeleisen (höchste Stufe, kein Dampf) fixieren (→ Abb. E, S. 102)

WUSSTEN SIE?
Sie können den fertig bedruckten Gegenstand bei bis zu 30 °C in der Waschmaschine waschen.

Abb. A: Motiv positionieren und befestigen.

Abb. B: Lavendelöl auftragen

Abb. C: Motiv mit starkem Druck durchreiben

101

 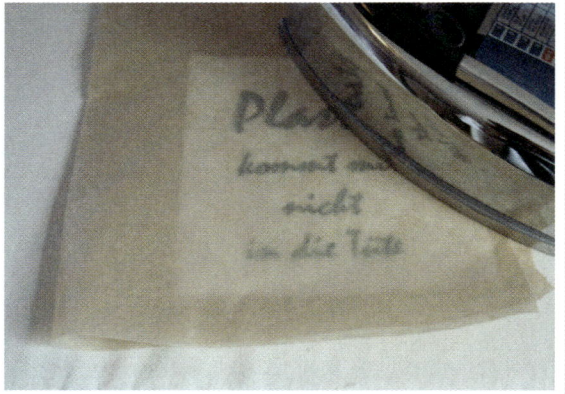

Abb. D: Vorlage ablösen, Druck trocknen lassen   **Abb. E:** Druck bügeln

⟶ AUFGABE 8
Welche Gegenstände können Sie aus Ihrem bedruckten Stoff entwerfen? Stellen Sie einen vor und fertigen Sie ihn an.
→ Kapitel 3, 2.2.1, S. 67

2.5 Wandbehang aus Wollresten weben

Die Technik des Webens eignet sich ausgezeichnet, um Wollreste zu verwerten. Begonnen wird mit einem Entwurf. Dazu sollte man vorher den Vorrat an Wolle abschätzen und ein passendes Farbkonzept zusammenstellen. Die Muster können geometrisch-modern oder stilisierte Landschaften (Hügel, Wolken etc.) sein.

⟶ AUFGABE 9
Gestalten Sie einen ersten Entwurf und geben Sie die ungefähre Größe Ihres Wandbehanges an:

4 | Nachhaltiges Gestalten, Werken und Nähen

→ **AUFGABE 10**
Stellen Sie folgende Bindungen durch Zeichnung dar.

Leinwandbindung	Körperbindung	Atlasbindung

Verleihen Sie Ihrem Wandbehang durch Flechten, Knoten und Schlingen der Schussfäden eine interessante Haptik und Optik. Sie können durch das Zusammenfassen von Kettfäden und das Einarbeiten von Fransen, Quasten und Pompons Volumen schaffen.

Fransen einarbeiten

Muster der Sumak-Weberei

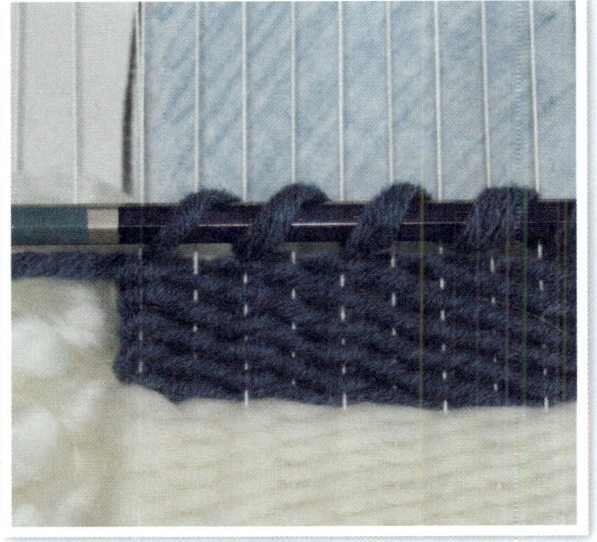
Schlingen erzeugen

Kordeln o. Ä. einarbeiten

103

→ AUFGABE 11
Gestalten Sie weitere Muster durch verschiedene Techniken.

→ AUFGABE 12
Bauen Sie einen Webrahmen. Nutzen Sie dazu Holz, Pappe, Kork, Nägel etc. oder „upcyclen" Sie einen alten Bilderrahmen o. Ä.

4 | Nachhaltiges Gestalten, Werken und Nähen

PROJEKT:
WANDBEHANG

Das benötigen Sie:
- Webrahmen
- Kettgarn oder Baumwoll-Häkelgarn (feste Drehung, reißfest, ca. 0,5 bis 1,0 mm)
- Wollreste als Schussfäden
- Webnadel
- Webkamm (Gabel o. Ä.)
- Schere
- Kreppband
- Holzstab oder Ast
- Kordel oder Lederband als Aufhängung

Wandbehang an Holzstab

TIPP Gestalten Sie vor dem Webbeginn einen Entwurf in derselben Größe und legen Sie ihn unter Ihre Webarbeit – das erleichtert Ihnen das Einhalten Ihres Entwurfes.

So gehen Sie vor:

1. Webrahmen bespannen
   - Webrahmen mit der Kette bespannen und auf eine gleichmäßig straffe Spannung und eine gerade Anzahl der Kettfäden achten
   - Anfang und Ende der Kette auf der Rückseite zusammenknoten

2. Weben
   - Entwurf unter Webarbeit platzieren und mit Kreppband fixieren (→ Abb. A, S. 106)
   - Webarbeit von unten beginnen, Muster nach Entwurf weben, Anfangs- und Endfäden auf die Rückseite bringen (→ Abb. B, S. 106)

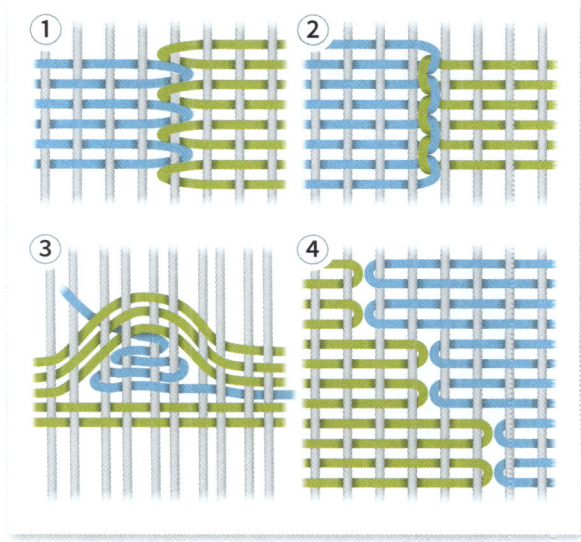

Schussfäden beim Musterwechsel

TIPP Weben Sie die Schussfäden sehr locker, damit eine gleichbleibende Breite der Webarbeit erreicht wird. Benutzen Sie zum Zusammenschieben der Schussfäden einen Webkamm oder eine Gabel. Achten Sie auch hier auf ein gleichmäßiges Webbild (→ Abb. C, S. 106).

3. Abschlussarbeiten
   - Webarbeit vom Rahmen nehmen und an Ober- und Unterseite jeweils zwei Kettfäden miteinander verknoten (am Rand beginnen) Fäden auf der Rückseite durch vernähen oder verknoten sichern
   - Kettfäden an der Oberseite um einen Holzstab oder Zweig knoten und eine Aufhängung (Kordel, Wolle oder Lederband) anbringen
   - Fransen, Pompons oder Quasten trimmen

2 Nachhaltige Projekte aus dem Bereich „Textiles Gestalten/Werken"

Abb. A: Webrahmen mit der Kette bespannen, Musterentwurf platzieren

Abb. B: Muster nach Entwurf weben

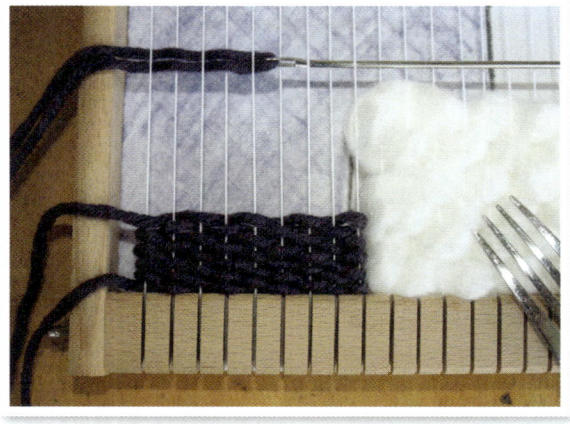

Abb. C: Webkamm (Gabel) und lockere Arbeitsweise sorgen für ein gleichmäßiges Webbild

→ AUFGABE 13
Welche Materialien können Sie außerdem in Ihren Wandbehang einweben? Zählen Sie auf.

_____

_____

_____

_____

_____

_____

5 Nachhaltige Gartenpflege, Körperpflege, Kosmetik und Hausapotheke

1 Garten

1.1 Nachhaltigkeit beim Gärtnern

1.1.1 Kompostieren von Speiseresten und Gartenabfällen

Das Kompostieren ist das älteste und natürlichste Recyclingsystem der Welt. Dort, wo Pflanzenabfälle verrotten, entsteht mithilfe von Kleinstlebewesen und Organismen im Boden wertvoller Humus. Humus lockert und nährt den Boden, stärkt die Jungpflanzen und dient als natürlicher Dünger. Durch diesen Prozess bleibt die Bodenfruchtbarkeit auf natürliche Art und Weise erhalten.[1]

Auch zu Hause kann man den Vorgang des Kompostierens nutzen, um Speiseabfälle und Gartenmüll nachhaltig zu entsorgen. Eigenkompostierung reduziert das Müllaufkommen und spart somit wertvolle Ressourcen, die für den Transport und die anschließende Verwertung des Biomülls eingesetzt werden müssen. Zwar kann in Biogasanlagen wieder neue Energie erzeugt werden, nachhaltiger ist jedoch das Sammeln, Kompostieren und Verwerten vor Ort.

Gartenkompost

Die besten Ergebnisse werden erzielt, indem man die Natur nachahmt und dem Kompost möglichst viel Luft, Fläche und unterschiedliche Materialien zum Kompostieren bereitstellt. Nach einer Zeitspanne von ein paar Monaten muss der Kompost umgeschichtet werden und sollte weder zu feucht noch zu trocken sein. Nach drei Monaten spricht man von einem frischen Kompost – diesen kann man als Mulch oder zur Verbesserung der Bodenqualität verwenden. Nach neun bis zwölf Monaten ist der Kompost reif und der Humus kann als Gartenerde und Dünger verwendet werden.[2] Für kleinere Gärten kann ein Thermo- oder Schnellkomposter eine Alternative sein. Durch seine halb geschlossene Bauweise steigt die Innentemperatur und der Humus kann sich etwas schneller entwickeln.

Gartenkompost beim Umschichten

Methoden für Balkon und Küche

Neben dem klassischen Komposthaufen im Garten gibt es seit ein paar Jahren moderne Methoden für Balkon und Küche.

Wurmkiste

Wurmkisten mit lebenden Kompostwürmern sorgen in einer speziellen mehrstöckigen Holzkonstruktion für die Umsetzung des Mülls zu Kompost. Richtig gehandhabt entwickelt diese Methode weder Schimmel noch Geruch

Kompostwürmer

und kann jahrelang geführt werden. Der erste Dünger kann nach ca. zwei bis drei Wochen gewonnen und verwendet werden.

Bokashi-Eimer
Der Bokashi-Eimer wurde in den 1980er-Jahren in Japan entwickelt. Bei dieser Methode werden in einem speziellen Eimer mit dicht schließendem Deckel und Zapfhahn effektive Mikroorganismen (EM) wie Hefen oder Milchsäurebakterien zur Fermentation des Bioabfalls eingesetzt. Der daraus entstehende Dünger (Bokashi) und Kompost ist hochwirksam, schnell hergestellt und kann über längere Zeit gelagert werden.

Methode zur Fermentation des Bioabfalls

⟶ **AUFGABE 1**
Beschreiben Sie die Funktionsweise der japanischen Kompostmethode in Stichpunkten.

_____

_____

_____

_____

⟶ **AUFGABE 2**
Vergleichen Sie die Kompostmethoden. Stellen Sie die Ergebnisse in der Tabelle dar.

Methode	Funktionsweise	Art des Kompostmaterials	Dauer der Kompostierung	Aufwand beim Führen
Gartenkompost				
Wurmkiste				
Bokashi-Eimer				

→ AUFGABE 3
Bewerten Sie einen Kompost aus hygienischer Sicht. Informieren Sie sich dazu in folgender Publikation des Bayerischen Landesamts für Umwelt:

Bayerisches Landesamt für Umwelt (LfU): Kompostierung – hygienische Aspekte, Reihe UmweltWissen, veröff. im August 2013 unter www.lfu.bayern.de/buerger/doc/uw_30_kompostierung_hygiene.pdf [Stand 01.12.2017]

→ AUFGABE 4
Verfolgen Sie die Verwertung des Biomülls in Ihrer Gemeinde. Wie nachhaltig sind Transport, Verwertung und Wiederverwendung?

→ AUFGABE 5
Bauen Sie einen Bokashi-Eimer oder eine Wurmkiste. Dokumentieren Sie den Bau und testen Sie die jeweilige Methode ca. vier Wochen lang. Berichten Sie anschließend über Ihre Erfahrungen.

1 Garten

→ AUFGABE 6
Was ist *Terra Preta*? Recherchieren Sie und halten Sie Ihre Ergebnisse fest.

___
___
___
___
___

1.1.2 Ressourcensparend und umweltschonend gärtnern

Viele Pflanzenerden bestehen vollständig aus Torf. Dessen Abbau trocknet die Moore aus, zerstört Lebensraum für Pflanzen und Tiere und schadet dem Klima durch das Entweichen der Treibhausgase CO_2 und Methan. Auch die Mineraldüngerherstellung verbraucht hohe Mengen an Energie und Wasser, schadet somit dem Klima und belastet außerdem die Abwässer. Durch das Führen eines Komposts kann man nährstoffhaltigen Dünger und Humus selbst produzieren und reduziert damit den Konsum von torfhaltiger Pflanzenerde und mineralischem Dünger.

→ Exkurs: Eutrophierung, Kapitel 3, S. 71

Stroh eignet sich als Mulchbedeckung

Auch auf chemische Schädlingsbekämpfungsmittel sollte verzichtet werden. Mithilfe von Netzen oder Hochbeeten lässt sich Schädlingsbefall und Fraß verhindern. Zudem kann der Boden mit Mulch bedeckt werden. Diese Schicht verhindert das Nachwachsen von Unkraut, trocknet den Boden weniger aus und hält Schnecken fern. Zum Bewässern sollte möglichst Regenwasser verwendet werden, welches für alle Pflanzen bestens geeignet ist (kalkfrei). Bewässert werden sollte morgens oder abends – zur heißen Mittagszeit verdunstet das Wasser, bevor es in tiefere Bodenschichten versickert.

> **TIPP** Kaffeesatz kann als Dünger für Zimmer- und Gartenpflanzen genutzt werden – einzige Bedingung ist, dass er vollständig durchgetrocknet ist, da er sonst leicht schimmelt.

Beim Kauf von Gartenzubehör ist es sinnvoll, Kunststoffe zu vermeiden und stattdessen auf natürliche Materialien wie Holz, Stein, Keramik oder Metall zu setzen. Bevorzugt werden sollten heimische Hölzer und Steine sowie das schnell nachwachsende Bambus. Alle Materialien sollten auf Schadstoffe geprüft sein und von sehr guter Qualität, damit nicht jedes Jahr in Neuanschaffungen investiert werden muss.

> **FAZIT** **Fazit**
>
> Das Müllaufkommen und die damit verbundenen Auswirkungen auf die Umwelt kann man leicht reduzieren, indem man beispielsweise einen Kompost führt. Auf torfhaltige Gartenerde und Mineralstoffdünger sollte verzichtet werden. Regenwasser ist perfekt geeignet zur Bewässerung. Auf chemische Unkraut- und Schädlingsbekämpfungsmittel kann vollständig verzichtet werden. Langlebige Gartengeräte aus natürlichen Materialien sind eine gute Investition.

⟶ AUFGABE 7
Welche Materialien eignen sich zum Mulchen? Zählen Sie auf.

⟶ AUFGABE 8
Welche natürlichen Schädlingsbekämpfungsmittel gibt es? Recherchieren Sie und stellen Sie eine Methode vor.

1.2 Gartenformen

1.2.1 Der Mikrogarten im Glas: Sprossen

Licht, Luft und Wasser – das hat man immer zu Hause. Leckere Sprossen zur Verfeinerung von Gerichten können jederzeit und ohne großen Aufwand selber gezogen werden. Einzelne Sorten oder Sprossenmischungen bekommt man im Drogerie- oder Biomarkt. Ein Keimglas kann man dort ebenfalls erstehen, oder man „upcycelt" ein altes Gurkenglas (→ Kapitel 5, 1.2.1, Aufgabe 10, S. 112).

Die Samen müssen zuerst sechs bis zehn Stunden eingeweicht, danach nur noch ein- bis zweimal am Tag gespült werden. Nach vier bis sechs Tagen sind die Sprossen verzehrfertig und halten sich in einem geschlossenen Gefäß in Kühlschrank bis zu einer Woche.

1 Garten

Tag 1: Samen einweichen *Tag 3: Samen treiben aus* *Tag 6: verzehrfertige Sprossen*

→ AUFGABE 9

Aus Getreide und Hülsenfrüchten lassen sich auch Sprossen ziehen. Probieren oder recherchieren Sie, welche Sorten sich gut eignen und halten Sie die Ergebnisse fest.

___

___

___

___

___

___

→ AUFGABE 10

Bauen Sie ein Keimglas. Achten Sie darauf, dass der siebähnliche Einsatz die Samen und Sprossen nicht durchrutschen lässt. Beschreiben Sie Ihre Bauweise kurz in Stichpunkten.

___

___

___

___

___

___

___

___

___

___

5 | Nachhaltige Gartenpflege, Körperpflege, Kosmetik und Hausapotheke

1.2.2 Der Minigarten auf der Fensterbank: Kräuter

Auch ohne Balkon oder Garten kann ein kleiner Kräutergarten entstehen. Ein Fensterbrett sowie ein paar Anzucht- und Pflanzgefäße genügen. Für ein paar Cent kann man im Gartenmarkt ein Samentütchen erstehen – oder man schließt sich einer Samentauschbörse an, wo man ein Starterset für den kleinen Kräutergarten bekommt.

Die Samen werden zuerst in kleinen Anzuchtgefäßen, z. B. ein Eierkarton, ausgesät. Es muss darauf geachtet werden, ob die Samen Licht zum Keimen (über der Erde) benötigen oder ob sie unter der Erde ausgesät werden. Die Erde sollte feucht gehalten und das Gefäß an einem sonnigen Ort aufgestellt werden. Nach ein paar Wochen sollten erste Triebe zu erkennen sein, dann können die Pflänzchen vorsichtig in ein größeres Gefäß umgetopft werden. Besonders gut eignen sich Petersilie, Schnittlauch und Basilikum.

⟶ **AUFGABE 11**
Nennen Sie Behälter, die sich gut als Anzuchtgefäße eignen.

⟶ **AUFGABE 12**
Wie nennt man das vorsichtige Auseinandernehmen und Umtopfen der kleinen Pflänzchen?

⟶ **AUFGABE 13**
Zu welcher Jahreszeit sollten Sie mit der Anzucht der Kräuter beginnen?

⟶ **AUFGABE 14**
Wie können Sie Kräuter haltbar machen? Stellen Sie zwei Möglichkeiten vor.

Kräuter werden zum Aufbewahren vorbereitet

WUSSTEN SIE?
Sowohl Frische als auch getrocknete Kräuter lassen sich hervorragend zu Kräutersalz verarbeiten! Kombinieren Sie z. B. Liebstöckel, Petersilie und Schnittlauch oder Oregano, Thymian, Basilikum und Salbei! Das Mischungsverhältnis (Kräuter zu Salz) kann 1:1 bis 1:5 sein.

1 Garten

1.2.3 Der Midigarten auf dem Balkon: Tomate und Co.

Urbaner Gartenbau *(Urban Gardening)* liegt im Trend. Ob im Gemeinschaftsgarten oder zu Hause: Um schon kleine Gemüseernteerfolge zu erzielen, benötigt man nur etwas Platz auf dem Balkon. Hängeampeln, Balkonkästen oder Blumentreppen können auch auf der kleinsten Fläche angebracht werden. Bestenfalls ist der Balkon gegen Westen oder Osten ausgerichtet (keine pralle Sonne) und windgeschützt. Die Pflanzgefäße müssen sicher angebracht und vor Wind, Regen und Sturm geschützt sein.

Salatanbau auf kleinstem Raum

TIPP Bevor Sie mit dem Anpflanzen beginnen: Klären Sie mit dem Vermieter Ihr Vorhaben (Tragkraft, Rettungswege, Haken, Löcher bohren etc.) und informieren Sie Ihre Nachbarn.

Bei der Auswahl der Pflanzen sind Standort, Aussaat bzw. Erntezeit und die Pflege zu beachten. Da Balkonpflanzen wenig oder keinen Regen bekommen, müssen sie regelmäßig gegossen werden. Um Staunässe zu vermeiden empfehlen sich Drainagen in den Pflanzgefäßen. Gedüngt werden sollten die Pflanzen alle zwei bis vier Wochen, da sich die Wurzeln aus Platzgründen nur bedingt Nahrung aus der Bodenerde holen können.

⟶ AUFGABE 15
Welche Gemüsesorten eignen sich für den Anbau auf dem Balkon?

Gemüsesorten für Anbau auf dem Balkon	
Hervorragend geeignet	
Weniger gut geeignet	
Nicht geeignet	

⟶ AUFGABE 16
Was sollte beim Anpflanzen mehrerer Sorten im selben Kübel beachtet werden?

5 | Nachhaltige Gartenpflege, Körperpflege, Kosmetik und Hausapotheke

→ **AUFGABE 17**
Welchen Vorteil hat der Gemüseanbau auf dem Balkon gegenüber dem Anbau im Gartenbeet?

→ **AUFGABE 18 A**
Überlegen Sie sich eine kreative Upcycling-Möglichkeit für Blumenkübel und Pflanztöpfe. Stellen Sie sie kurz vor.

→ **AUFGABE 18 B**
Wie können Sie Rankhilfen bauen? „Upcyclen" Sie auch hier alte Gegenstände.

→ **AUFGABE 19**
Wie können Sie die vertikalen Flächen auf dem Balkon nutzen? Zeigen Sie vier Möglichkeiten auf.

1.2.4 Neue Pflanzen züchten

Anzucht von Stecklingen

Die Anzucht von Stecklingen ist die einfachste Art der Pflanzenvermehrung. Dazu wird von der Mutterpflanze mit einem scharfen Messer ein gesunder, starker oberer Trieb abgeschnitten und die unteren Blätter werden entfernt. Im Wasserglas sollten sich nach zehn bis vierzehn Tagen Wurzeln bilden – nun ist die Pflanze reif, um in ein kleines Pflanzgefäß umzuziehen.

Besonders Thymian, Salbei, Basilikum, Rosmarin, Oregano, Minze eignen sich für diese Methode, aber auch einige Garten- und Wohnungspflanzen lassen sich so vermehren.

Lebensmittel nachwachsen lassen

Aus Gemüseresten eine neue Pflanze zu ziehen, ist leichter als gedacht. Knoblauch, Ingwer und Frühlingszwiebeln, aber auch Kurkuma und Topinambur lassen sich so vermehren.

Ein Stück ausgetriebener Ingwer wird auf ein Pflanzgefäß mit Anzuchterde gelegt und angedrückt. Jede neue Pflanze benötigt mindestens einen neuen grünen Trieb, ein sogenanntes „Auge", um weiterwachsen zu können. Ingwer mag keine Staunässe, jedoch feinen Sprühnebel aus der Sprühflasche. Nach einigen Monaten kann man neue gebildete Ingwerknollen ernten.

Ausgetriebene Knoblauchzehen werden so in die Erde gedrückt, dass die grünen Triebe noch sichtbar sind. Die Sprossen der Knoblauchzehen kann man zum Würzen verwenden, sie sind allerdings etwas milder im Geschmack.

Die weißen Enden der Frühlingszwiebel werden zur Wurzelbildung in ein Wasserglas gestellt. Alle zwei Tage sollte das Wasser gewechselt werden. Nach ein bis zwei Wochen ist die Pflanze sichtlich nachgewachsen und kann wieder geerntet werden.

> **WUSSTEN SIE?**
> Aus Avocado, Zitrone und Ananas lässt sich zwar kein neues Gemüse oder Obst ziehen, mit Glück jedoch schöne Zimmerpflanzen.

→ AUFGABE 20
Warum sollte man beim Einpflanzen von Stecklingen nährstoffarme Anzuchterde bevorzugen? Erklären Sie kurz.

Rosmarinzweige mit Wurzeln: bereit zum Einpflanzen

Aus dem Kern zum Keim zur Pflanze: die Avocado

Neue Pflanzen entstehen: Kresse, Avocado, Ingwer, Rosmarin und Frühlingszwiebeln

5 | Nachhaltige Gartenpflege, Körperpflege, Kosmetik und Hausapotheke

—→ **AUFGABE 21**
Welche Obst- und Gemüsearten können Sie noch nachwachsen lassen? Finden Sie zwei Beispiele und beschreiben Sie kurz die Vorgehensweise.

—→ **AUFGABE 22**
Nennen Sie weitere Arten der Pflanzenvermehrung.

EXKURS
Permakultur

Unter dieser Gartenform versteht man ein selbstregulierendes, dauerhaft funktionierendes und nachhaltiges Ökosystem, ähnlich dem natürlichen Ökosystem der Erde. Das Wort „Permakultur" ist abgeleitet vom englischen Begriff *„permanent agriculture"* und bedeutet „dauerhafte Landwirtschaft".

Der Australier Bill Mollison hat das Konzept im Jahr 1978 entwickelt und wollte damit einen Gegenentwurf zum konventionellen Monoanbau in der industriellen Landwirtschaft schaffen und dem Abbau der Bodenfruchtbarkeit entgegenwirken. Das ganzheitliche Konzept hat Anerkennung gefunden und wird in der Landschaftsarchitektur, Raumgestaltung und Stadtplanung angewendet.

Um Zeit, Arbeitskraft und Ressourcen zu sparen, wird der Garten vorab in verschiedene Zonen eingeteilt: Zone 0 bezeichnet das Zentrum – das Wohnhaus. In Zone 1 nahe dem Haus werden Kräuter und Nutzpflanzen angepflanzt, die täglich gepflegt oder geerntet werden. Die Nähe zum Haus verringert Wege und schont so Energie und Zeit beim Gärtnern. In Zone 2 bis Zone 5 sind je nach Pflegeintensität Sträucher, Bäume, Teiche und Weiden angeordnet.

Das Ziel des Permakulturgartens ist es, ein ganzheitliches Ökosystem zu schaffen, welches sich selbst versorgt, etwa durch kleine Teiche oder Bäche zur Bewässerung, und mit minimalem Aufwand geführt wird. Ein weiteres Kennzeichen ist die ökologische und genetische Artenvielfalt in dem Garten. Die Pflanzen, Bäume, Kleinstlebewesen, Fische und andere Tiere tragen zu einem funktionierenden Kreislauf bei.

Pflanzgemeinschaften schützen vor Schädlingen und Pflanzenkrankheiten, machen ein Ausbringen von Herbiziden und Pestiziden überflüssig und stärken die Pflanzen. Ein Eingreifen in das System sollte vom Menschen nur im Notfall erfolgen, z. B. durch das Jäten von Unkraut. Um diesen Kreislauf zu erhalten und den Permakulturgarten zu optimieren, ist eine genaue Beobachtung der Vorgänge und ein stetiges Analysieren und Handeln nötig.

> **WOLLEN SIE MEHR ERFAHREN?**
>
> Dokumentation: „Sepp Holzer. Der Permakultur-Papst", Servus TV, 25 Minuten, 2010
>
> Auf www.youtube.de stehen außerdem weitere sehenswerte Dokumentationen zum Thema „Permakultur" zur Verfügung.

> **WUSSTEN SIE?**
>
> Die Kräuterspirale ist aufgrund ihrer dreidimensionalen Bauweise ein Beispiel für gelungene Permakultur. Die im Beet entstandenen Bereiche (trocken, feucht, sonnig, halbschattig) sind idealer Lebensraum für Kräuter unterschiedlicher Ansprüche.

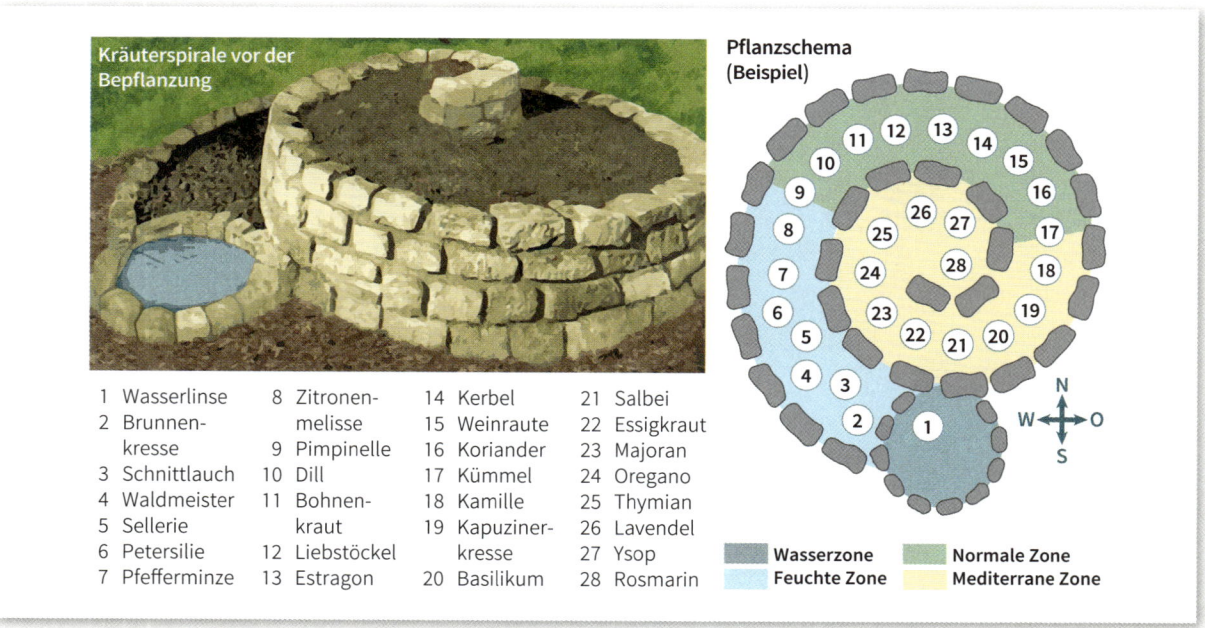

1 Wasserlinse	8 Zitronenmelisse	14 Kerbel	21 Salbei
2 Brunnenkresse	9 Pimpinelle	15 Weinraute	22 Essigkraut
3 Schnittlauch	10 Dill	16 Koriander	23 Majoran
4 Waldmeister	11 Bohnenkraut	17 Kümmel	24 Oregano
5 Sellerie	12 Liebstöckel	18 Kamille	25 Thymian
6 Petersilie	13 Estragon	19 Kapuzinerkresse	26 Lavendel
7 Pfefferminze		20 Basilikum	27 Ysop
			28 Rosmarin

Kräuterspirale

→ AUFGABE 1

Finden Sie ein Beispiel für angewandte Permakultur im Bereich der Stadtplanung oder Architektur. Stellen Sie das Projekt kurz Ihrer Lerngruppe vor.

2 Körperpflege und Kosmetik

2.1 Nachhaltige Körperpflege- und Kosmetikprodukte

2.1.1 Siegel und Standards

Seit 1991 Jahren ist FCKW (Flourchlorkohlenwasserstoffe) verboten, denn das Treibgas ist mitverantwortlich für das Ozonloch und den damit verbundenen Treibhauseffekt.[3] Das Gas wurde als Kältemittel, Lösungsmittel und Treibgas in Sprühdosen für alle Arten von Lacken, Imprägniermittel, Haarspray oder Deodorants eingesetzt. Das Verbot hat dazu beigetragen, dass sich das Ozonloch regenerieren konnte.

Doch auch heute noch gibt es Inhaltsstoffe in Körperpflegeprodukten und Kosmetika, die problematisch für Mensch und Umwelt sind, denn die meisten Pflege- und Kosmetikprodukte werden mit Inhaltsstoffen auf Mineralölbasis hergestellt. Diese Stoffe sind im Vergleich zu hochpreisigen Pflanzenölen billig in der Herstellung. Sie ummanteln die Haut mit einer Schutzschicht, lassen sie weicher und gepflegter wirken. In der Forschung ist umstritten, ob die sogenannten Paraffine für die Gesundheit des Menschen gefährlich sind. Bei Lippenstiften und Lippenpflegeprodukten empfehlen Forscher mineralölfreie Produkte zu verwenden, denn durch das Befeuchten der Lippen kann der Stoff vom Körper aufgenommen werden.

Schädlich für die Umwelt ist auch Mikroplastik (Kunststoffe kleiner als 5 mm) in Peelings, Duschgels und Cremes. Es gelangt über das Abwasser in die Gewässer und Meere und wird von den Tieren aufgenommen (→ Kapitel 4, 2.3, S. 98). Mikroplastik zieht Schadstoffe wie ein Magnet an – die genauen Auswirkungen für Mensch und Natur werden momentan erforscht. Mikroplastik erkennt man z. B. an der Vorsilbe „Poly" und ist zu finden unter Bezeichnungen wie Acrylates Copolymer oder Crosspolymer.[4]

> **WUSSTEN SIE?**
>
> Geöffnete Naturkosmetik hat eine geringere Haltbarkeit als konventionell hergestellte Produkte. Kaufen Sie daher kleinere Packungsgrößen und beschränken Sie sich auf die Verwendung weniger Produkte.

Nicht zu finden sind Inhaltsstoffe auf Mineralölbasis oder Mikroplastik in Natur- oder Biokosmetik. Diese Begriffe sind jedoch nicht geschützt und können beliebig verwendet werden. Das *BDIH*- und das *NaTrue-Siegel* stellen jedoch sicher, dass bestimmte Standards eingehalten werden, d. h. unter anderem:

- Verzicht auf mineralische Öle
- Verzicht auf tierische Fette (außer Honig und Lanolin)
- Inhaltsstoffe sind pflanzlicher Herkunft, überwiegend ökologisch erzeugt
- Keine Tierversuche
- Verbot von gentechnisch veränderten Inhaltsstoffen
- Keine synthetischen Duft-, Farb- oder Konservierungsstoffe

Naturkosmetik-Siegel BDIH   *Naturkosmetik-Siegel NaTrue*

> **TIPP** Verwenden Sie zum Aufschäumen von Duschgel oder Seife einen Duschschwamm – damit sparen Sie etwa die Hälfte des Produktes.

> **WOLLEN SIE MEHR ERFAHREN?**
>
> Mit speziellen Codescanner-Apps (QR-Scanner) können schon vor dem Kauf Produkte auf mineralölhaltige Inhaltsstoffe geprüft werden.
>
> - „Beat the Microbead", Plastic Soup Foundation, www.beatthemicrobead.org, 2017
> - „Codecheck", Codecheck AG, www.codecheck.info, 2017

Verzichten Sie auf gekaufte Peelings und stellen Sie Ihr Peeling mit einfachen Mitteln selber her (→ Kapitel 5, 2.2.1, Aufgabe 1, S. 124).

Naturkosmetik-Duschgel, vegane Seife und Duschschwamm

2 Körperpflege und Kosmetik

→ AUFGABE 1 A
Finden Sie Beispiele für Inhaltsstoffe auf Mineralölbasis (Paraffine) in Körperpflegeprodukten.

Paraffinum Liquidum, _____

_____

_____

_____

→ AUFGABE 1 B
Wählen Sie fünf Körperpflege- und Kosmetikprodukte aus und prüfen Sie die Inhaltsstoffe. Wenn das Produkt mineralölhaltige Inhaltsstoffe oder Mikroplastik enthält, geben Sie zusätzlich die Bezeichnung an.

Produkt	Enthält mineralölhaltige Inhaltsstoffe			Enthält Mikroplastik		
	Ja	Welche	Nein	Ja	Welche	Nein
_____	○	_____	○	○	_____	○
_____	○	_____	○	○	_____	○
_____	○	_____	○	○	_____	○
_____	○	_____	○	○	_____	○
_____	○	_____	○	○	_____	○

→ AUFGABE 2
Was versteht man unter folgenden Begriffen und was bewirken sie in Körperpflegeprodukten?

- Parabene: _____

_____

_____

- Sulfate: _____

_____

_____

- Silikone: _____

_____

_____

2.1.2 Reduzierung von Verpackung und Konsum

Ein Blick in den Badezimmerschrank genügt, um festzustellen, dass es ganz ohne Kunststoff nicht geht – zumindest nicht bei Verpackungen für Kosmetik und Pflegeprodukte. Zahncreme, Deodorant, Shampoo, Duschgel, Lippenstift und Puderdose: Diese Produkte werden in Plastikverpackungen abgefüllt und wandern nach Verwendung in den gelben Sack oder die Recyclingtonne.

5 | Nachhaltige Gartenpflege, Körperpflege, Kosmetik und Hausapotheke

Es ist schwierig, vollständig auf Verpackung zu verzichten, jedoch lässt sich mit einigen Tricks und Überlegungen viel Müll sparen. So sind leichte Nachfüllverpackungen und auswechselbare Elemente, z. B. bei Lidschatten, Zahnbürsten oder Rasierklingen eine gute Alternative zu Einwegprodukten. Solche Einmalartikel wie Abschminktücher oder Wattepads können leicht vermieden werden. Eine Alternative zu Tampons und Einlagen sind beispielsweise Menstruationskappen. Die Vermeidung von Hygieneartikeln aus Baumwolle ist zudem ressourcensparend (→ Kapitel 4, 1.3, S. 85). Auch wer unverpackte Produkte kauft, auf Produkte mit Naturkosmetik-Siegel achtet und, wo immer es möglich ist, auf Konsum verzichtet, leistet einen Beitrag zur Nachhaltigkeit.

> **WUSSTEN SIE?**
>
> Shampoo eignet sich wunderbar zur Handwäsche von Wolle und Zahncreme reinigt Silberschmuck. Spezialwaschmittel bzw. -reiniger sind daher meistens überflüssig.

→ AUFGABE 3 A

Wie viele verschiedene Körperpflegeprodukte und Hygieneartikel besitzen Sie? Machen Sie Inventur.

Artikel	Anzahl	Im täglichen Gebrauch	Nicht in Verwendung
Duschgel und Seife			
Shampoo und Pflegemittel			
Haarstyling			
Gesichtspflege und Creme			
Bodylotion und Öl			
Zahncreme und Mundhygieneartikel			
Deodorants und Parfums			
Dekorative Kosmetik			
Nagellack			
Sonstiges: _____			

→ AUFGABE 3 B

Was könnten Sie mit den Produkten machen, die Sie nicht verwenden? Überlegen Sie und stellen Sie Ihren Vorschlag der Lerngruppe vor.

_____
_____
_____
_____

→ AUFGABE 3 C

Wie können Sie Fehlkäufe vermeiden?

_____
_____
_____

2 Körperpflege und Kosmetik

→ AUFGABE 4
Diskutieren Sie: Welcher Verpackungsrohstoff ist nachhaltiger für die Umwelt? Metall, Glas oder Kunststoff? Beachten Sie Herstellung, Wiederverwendung sowie Gewicht und Transport.

→ AUFGABE 5
Welchen Beitrag zur Nachhaltigkeit können Sie bei Ihrer täglichen Hygiene im Bad außerdem leisten?

_____

_____

_____

_____

_____

→ AUFGABE 6 A
Zeigen Sie eine Upcycling-Möglichkeit auf, durch die sich Wattepads ersetzen lassen, und stellen Sie einen oder mehrere Prototypen her.

_____

_____

_____

_____

_____

→ AUFGABE 6 B
Wie bewährt sich die umweltfreundliche Alternative zu Wattepads in der täglichen Hygieneroutine? Bewerten Sie Ihr Produkt und verbessern es gegebenenfalls.

_____

_____

_____

_____

_____

> **FAZIT**
>
> **Fazit**
> ↓
> Wer den Neukauf von Pflegeprodukten auf Mineralölbasis vermeidet, leistet einen kleinen Beitrag zu Nachhaltigkeit fossiler Brennstoffe. Bei Lippenpflegeprodukten ist auch aus gesundheitlichen Gründen von Pflegeprodukten auf Mineralölbasis abzuraten. Produkte mit Mikroplastik sollten generell vermieden werden.
> Zudem ist Sparsamkeit angesagt: Der Vorrat an Pflegeprodukten kann reduziert werden, indem Produkte aufgebraucht werden und der Neukauf in Menge und Größe dem eigenen Bedarf angepasst wird. Zusätzlich kann auf eine umweltfreundliche Verpackung geachtet werden. Einwegprodukte werden am besten vermieden und Nachfüllpackungen oder unverpackte Ware, z. B. Seife, beim Kauf bevorzugt.

2.2 Nachhaltige Pflegeprodukte herstellen

Die Kosmetikbranche ist ebenso schnelllebig wie die Modebranche. In Parfümerien und Drogeriemärkten tauchen regelmäßig neue Trends und Produkte auf. Diesen zu widerstehen, ist schwer: Sie sind erschwinglich, machen Spaß und bringen Wohlgefühl. Doch für das Wohlbefinden, das entspannende Spa zu Hause lassen sich aus wenigen Zutaten schnell und einfach Alternativen herstellen, die keine aufwendigen, ressourcenzehrenden Produktionsprozesse durchlaufen und keine Transportmeilen zurückgelegt haben.

⟶ **AUFGABE 7**

Addieren Sie die Anzahl Ihrer Pflegeprodukte, die Sie in Aufgabe 3 A (→ S. 121) angegeben haben.

Anzahl Ihrer Pflegeprodukte: ◯

2.2.1 Nachhaltige Gesichtspflege

Die gesunde Haut verfügt über ein eigenes Schutzsystem, einem leicht sauren Mantel (ca. pH-Wert 5), der sich zwar nach Berührung mit Tensiden (waschaktiven Substanzen) abbaut, jedoch nach ein paar Stunden wieder regeneriert. Der Mantel hält die Haut gesund, schützt sie gegen Trockenheit, Verunreinigungen und anderen Umwelteinflüssen. Spezielle Pflegeprodukte sind bei intakter Haut meist überflüssig und können die Eigenschutzfunktion herabsetzen.

WUSSTEN SIE?

Um die Haut von Pflegeprodukten zu entwöhnen und den hauteigenen Säureschutzmantel zu stärken, dauert es ca. vier bis acht Wochen.

TIPP

Für eine gesunde Gesichtshaut:
- Überpflegen Sie die Haut nicht – weniger ist mehr!
- Benutzen Sie wenig Make-up.
- Tragen Sie regelmäßig Sonnenschutz auf.
- Vermeiden Sie häufige Produktwechsel.

⟶ **AUFGABE 8**

Beschreiben Sie die sogenannte Stewardessen-Krankheit.

_____
_____
_____
_____
_____

⟶ **AUFGABE 9**

Welche Eigenschaften haben folgende Inhaltsstoffe für selbst hergestellte Kosmetik?

Inhaltsstoff	Funktion/Eigenschaft	Anwendung
Bienenwachs		
Kokosöl		
Sheabutter		

2 Körperpflege und Kosmetik

Inhaltsstoff	Funktion/Eigenschaft	Anwendung
Honig		
Zitrone		
Ätherisches Öl: _____ _____ _____		
_____ _____		

TIPP Testen Sie selbst hergestellte Naturkosmetik erst an einer kleinen Stelle auf Ihrer Haut und beobachten Sie die Reaktion. Auch natürliche Inhaltsstoffe können Reizungen und Allergien hervorrufen, die Haut austrocknen oder überpflegen.

→ AUFGABE 10
Honig wirkt entzündungshemmend und beruhigt die Haut nach einer reinigenden Behandlung. Finden Sie ein Rezept für eine Gesichtsmaske mit Honig.

_____
_____
_____
_____

→ AUFGABE 11
Mit welchen Zutaten können Sie ein schonendes Gesichtspeeling herstellen?

_____
_____
_____
_____

WUSSTEN SIE?

Die wohl einfachste und wirksamste Methode zur Reinigung der Hautporen ist ein klassisches Dampfbad. Der Dampf öffnet die Poren und lässt überschüssigen Talg abfließen. Dieser Vorgang reinigt die Haut schonend und nachhaltig. Auf dem Markt sind dafür spezielle Geräte erhältlich – ein kleiner Topf mit kochendem Wasser (→ Wasser ankochen, Kapitel 2, 1.2.1, S. 24) und ein Handtuch erfüllen denselben Zweck. Das Dampfbad kann mit Meersalz, Kamille oder Lavendel angereichert werden. Weiche Bürsten oder Schwämme, z. B. aus der Kojac-Faser, können zur sanften mechanischen Reinigung eingesetzt werden und sind wiederverwendbar.

→ AUFGABE 12
Finden Sie Alternativen zu Abschminkprodukten.

_____
_____
_____

5 | Nachhaltige Gartenpflege, Körperpflege, Kosmetik und Hausapotheke

PROJEKT:
UPCYCLING Lippenpflegebalm

Das benötigen Sie:
- 10 g Bienenwachs oder Japanwachs
- 10 g Öl (z. B. Olivenöl, Mandelöl, Jojobaöl, Kokosöl)
- 10 g Sheabutter oder Kakaobutter
- Döschen oder entleerte Lippenstifthülsen

Alternativ für die Farbe (Menge je nach Intensität):
- Reste eines alten Lippenstiftes, zerbröckeltes Rouge oder Lidschatten
- Rote-Bete-Pulver, Kurkuma, Zimt oder Kakao

Alternativ für den Duft:
- 2 bis 4 Tropfen ätherisches Öl (Rose o. Ä.)

So gehen Sie vor:
- Bienenwachs über einem Wasserbad schmelzen, Öl und Sheabutter zugeben
- Alternativ Farbpigmente und ätherisches Öl hinzugeben und alle Zutaten gut vermengen
- Lippenpflegebalm sofort in kleine Döschen oder Lippenstifthülsen abfüllen

Lippenpflegebalm transparent oder mit Rouge-Pigmenten

TIPP Nähen Sie ein kleines Kosmetiktäschchen und verschönern Sie es mit Lavendeldruck (→ Kapitel 4, 2.4, S. 101).

2.2.2 Nachhaltige Körperpflege

Eine nachhaltige Alternative zu den plastikintensiven Verpackungen von Duschgels und Shampoos sind Seifen. Um Körper und Hände ein Jahr lang täglich zu reinigen, genügen ca. drei bis vier Seifenstücke. Durch die kompakte Größe der Seifen sind auch die Lager- und Transportkosten niedriger, denn Duschgels und flüssige Handseifen bestehen zu 80 % aus Wasser die unnötig transportiert werden. Die vergleichsweise einfache Herstellung, lange Haltbarkeit und sehr gute biologische Abbaubarkeit machen Seifenstücke zur umweltfreundlichen und nachhaltigen Alternative.

Seife wird aus pflanzlichen Ölen oder tierischen Fetten hergestellt und mit einer Lauge verseift. Hochwertige Pflanzenseifen sind nachhaltiger, da auf tierische Produkte verzichtet wird. Seifen sollten außerdem frei von synthetischen Duft-, Farb- und Konservierungsstoffen sein. Verschiedene Naturkosmetik-Siegel (→ Kapitel 5, 2.1.1, S. 119) garantieren dies.

Edle handgesiedete Seifen aus der Provence

> **WUSSTEN SIE?**
>
> Schätzungen zufolge werden pro Person im Jahr elf Flaschen Duschgel und vier Flaschen Handseife à 250 ml verbraucht. Somit könnten in Deutschland allein durch den Wegfall der Duschgelverpackungen 36 000 t Kunststoffmüll eingespart werden.
>
> Seifen halten länger, wenn sie nach Gebrauch abtropfen und trocknen können. Mit Plastikwolle kann eine Seifenschale gehäkelt werden (→ Utensilo, Kapitel 4, 2.3, S. 99).

2 Körperpflege und Kosmetik

→ **AUFGABE 13 A**
Recherchieren Sie die Geschichte der Seifenherstellung und fassen sie kurz zusammen.

→ **AUFGABE 13 B**
Beschreiben Sie kurz das industrielle Herstellungsverfahren von Seifen heute.

WUSSTEN SIE?

Seifen können nach diesem Verfahren auch zu Hause hergestellt werden, jedoch bedarf es beim Hantieren mit der hoch ätzenden Natronlauge an Vorwissen und Materialkenntnis, einer konzentrierten Arbeitsweise und Sicherheitsvorkehrungen wie das Tragen von Schutzkleidung und das Belüften der Räume.

Einfach und ungefährlich ist die Herstellung von Seifen aus alten Seifenresten, daraus können entweder neue Seifenstücke oder flüssige Handseifen entstehen.

5 | Nachhaltige Gartenpflege, Körperpflege, Kosmetik und Hausapotheke

PROJEKT:
UPCYCLING Flüssigseife oder Duschgel

Das benötigen Sie:
- Kernseife oder Seifenreste, ca. 100 g
- Wasser ca. 100 ml und ca. 200 ml
- Ätherische Öle, Farbpigmente
- Eventuell Öl (z. B. Kokos, Olive oder Mandel) für Rückfettung und Pflege
- Kochtopf und Schüssel für Wasserbad
- Kochlöffel, Schneebesen, Pürierstab
- Seifenspender

So gehen Sie vor:
1. Geraspelte Seife mit 100 ml kochendem Wasser aufweichen und über einem Wasserbad zu einer cremigen Masse anrühren
2. 100 bis 200 ml Wasser hinzufügen und rühren (bzw. pürieren), bis die gewünschte Konsistenz erreicht ist
3. Seife kann mit ätherischen und pflegenden Ölen und/oder Farbpigmenten aufgewertet werden
4. Seife in einen Seifenspender bzw. Duschgelbehälter abfüllen

PROJEKT:
UPCYCLING Seifenstücke

Das benötigen Sie:
- Kernseife oder Seifenreste, ca. 100 g
- 2 bis 3 TL Pflanzenöle
- Geraspelte Zitronen- oder Orangenschalen, getrocknete Blüten, Blätter oder Kräuter
- 3 bis 4 Tropfen ätherische Öle
- Kochtopf
- Kochlöffel
- Gießform (Frischkäsebehälter etc.)

So gehen Sie vor:
1. Seifenreste raspeln oder sehr klein schneiden
2. Im Wasserbad unter Rühren auflösen, evtl. etwas Wasser oder Milch zugeben
3. Öl, getrocknete Blüten etc. und ätherische Öle zugeben und die Masse in die Gießform abfüllen
4. Seife ausgestalten.

Peelingseife mit Kaffeesatz und Orangenabrieb

TIPP — **Ausgestaltung:**
- Die Seife kann mit Stempel oder Schlagbuchstaben „geprägt" werden.
- Arbeiten Sie Kordeln als Aufhänger in die Seife mit ein
- Für Peelingseife geben Sie getrockneten Kaffeesatz zur Seifenmasse.

2 Körperpflege und Kosmetik

⟶ **AUFGABE 13 C**
Schreiben Sie Ihre Seifenrezeptur auf.

⟶ **AUFGABE 14**
Zeigen Sie eine weitere Möglichkeit für das Upcycling alter Seifenreste auf.

⟶ **AUFGABE 15**
Nennen Sie den Unterschied zwischen einer Seife und einem Syndet.

⟶ **AUFGABE 16**
Was gibt der sogenannte ÜF-Wert bei Seifen an?

5 | Nachhaltige Gartenpflege, Körperpflege, Kosmetik und Hausapotheke

_____
_____
_____

> **TIPP** **Für eine gesunde Haut:**
> - Kurz duschen
> - Lauwarm duschen
> - Auf einen hautfreundlichen pH-Wert von 5,5 und den ÜF-Wert bei Seifen achten
> - Nicht von Kopf bis Fuß einseifen

→ **AUFGABE 17 A**
Finden Sie weitere nachhaltige Rezepturen zur Körperpflege.

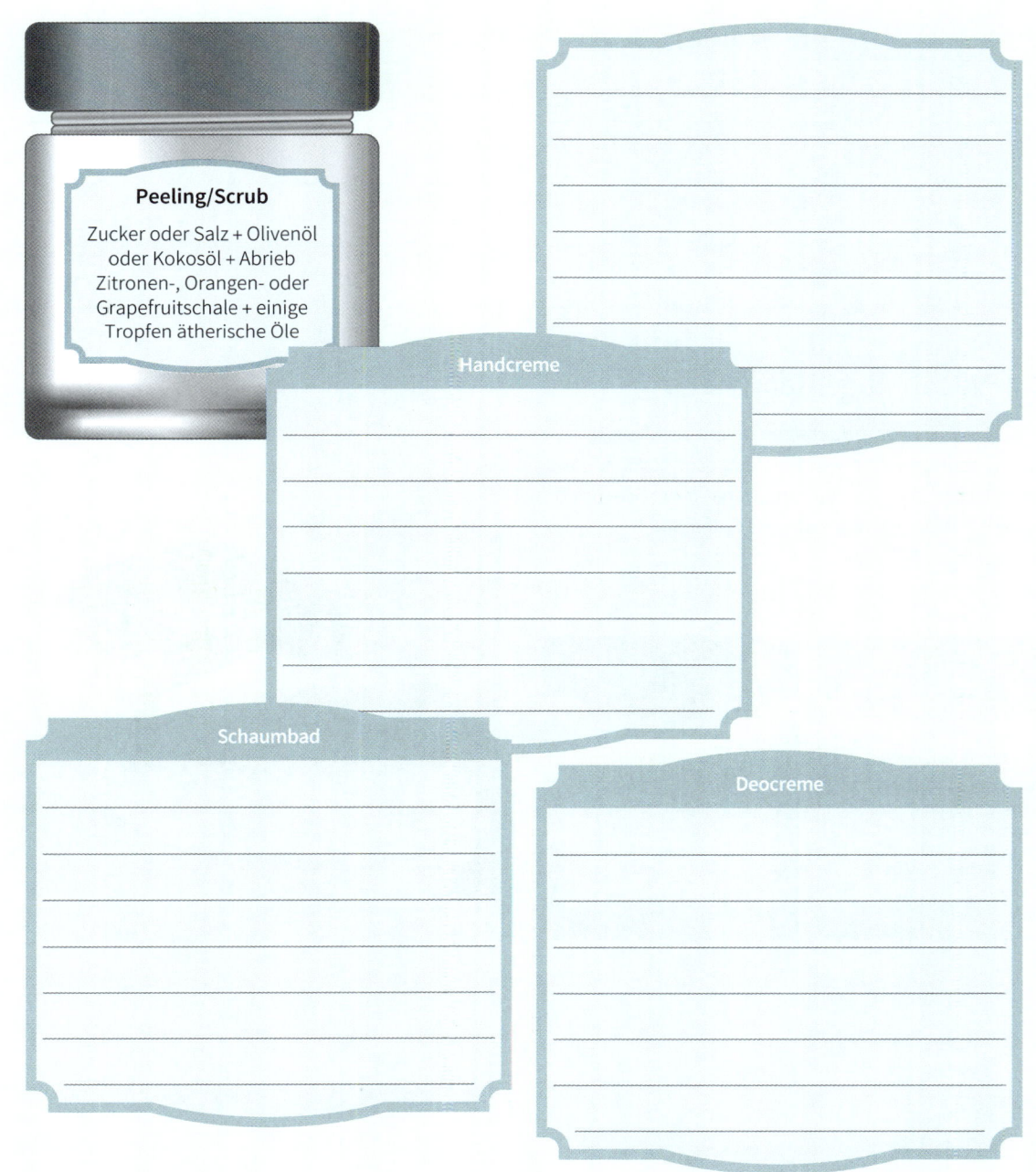

Peeling/Scrub

Zucker oder Salz + Olivenöl oder Kokosöl + Abrieb Zitronen-, Orangen- oder Grapefruitschale + einige Tropfen ätherische Öle

Handcreme

Schaumbad

Deocreme

→ AUFGABE 17 B
Welche Rezepturen haben Sie getestet und welche haben sich bewährt?

___

→ AUFGABE 17 C
Welche Gesichts- und Körperpflegeprodukte werden Sie in Zukunft gegen nachhaltige und umweltfreundliche Alternativen austauschen können?

___

2.2.3 Nachhaltige Haarpflege

Auch bei Haarpflegeprodukten sollte auf zertifizierte Naturkosmetik geachtet werden. Für gesunde Haare und unkomplizierte Stylings benötigt man nur ein Shampoo, dieses am besten in fester Form als Seifenstück (→ Kapitel 5, 2.2.2, S. 125).

Trockenshampoo

Natron + Heilerde
(+ Kakao bei dunklen Haaren)
zu gleichen Teilen mischen,
ätherische Öle hinzufügen,
in Salzstreuer abfüllen

**Essigspülung/
saure Rinse**

1 Teil Apfelessig + 10 Teile
Wasser mischen und als
Spülung anwenden

Seifenstücke für Gesicht, Körper und Haare: platzsparend und umweltschonend

5 | Nachhaltige Gartenpflege, Körperpflege, Kosmetik und Hausapotheke

→ AUFGABE 18
Entwickeln Sie eine Rezeptur für eine pflegende Haarkur und tragen Sie diese auf dem Etikett ein.

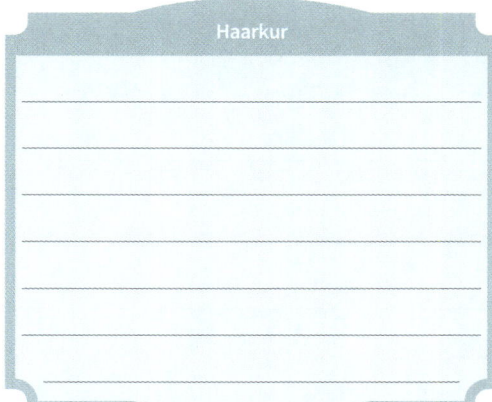

TIPP — **Für gesundes Haar:**
- So wenig wie möglich, so oft wie nötig waschen (regt die Talgproduktion nicht unnötig an)
- Trockenshampoo an den Tagen zwischen der Wäsche verwenden
- Silikonfreie Shampoos bevorzugen
- Wenig Shampoo verwenden – eine Minute auf der Kopfhaut einwirken lassen
- Mit lauwarmem bis kaltem Wasser waschen
- Nicht trocken rubbeln – Haare im Turban, z. B. einem alten Baumwoll-T-Shirt trocknen – verhindert ein Aufrauhen der Haaroberfläche
- Essigspülungen bei kalkhaltigem Wasser anwenden
- Auf Glätteisen, Lockenstab und heißen Fön verzichten
- Haarspitzen regelmäßig schneiden
- Haare nicht färben oder aufhellen

→ AUFGABE 19
Warum ist eine saure Rinse nach einer Haarwäsche mit Haarseife notwendig?

___

→ AUFGABE 20
Finden Sie Alternativen zu Flüssigshampoo und Shampooseife. Zählen Sie auf.

___

2 Körperpflege und Kosmetik

→ AUFGABE 21
Berechnen Sie den Preis für je 250 ml Trockenshampoo, saure Rinse und Haarkur und vergleichen Sie die Ergebnisse mit gekauften Produkten aus Ihrem Badezimmer.

	Selbst hergestellt Preis in €	Drogerieprodukt Preis in €
Trockenshampoo		
Saure Rinse/Spülung		
Haarkur		

→ AUFGABE 22
Welche Produkte stellen Sie in Zukunft selber her und auf welche können Sie nicht verzichten?

→ AUFGABE 23
Finden Sie weitere nachhaltige Tipps zur Körperpflege und notieren sie.

FAZIT

Fazit
↓

Weniger ist mehr – davon profitieren die Umwelt, die eigene Gesundheit, das Wohlbefinden und Aussehen. Wer die Anzahl der benutzten Artikel im Bad reduziert, weniger, aber dafür Produkte mit hochwertigen Inhaltsstoffen konsumiert und Seifenstücke zur täglichen Reinigung verwendet, handelt nachhaltig.

3 Hausmittel bei Erkrankungen

3.1 Nachhaltiger Umgang mit Medikamenten

Die Entwicklung und Herstellung von Medikamenten ist ressourcenaufwendig und langwierig. Diverse Prüfungen und Versuche werden durchgeführt, bevor ein Medikament in den Verkehr gebracht wird. Jedoch dürfen Medikamente, die einmal an Patienten ausgegeben wurden, nicht weitergereicht werden – auch wenn die Verpackungen nicht geöffnet und die Medizin noch haltbar ist. Apotheken sind zudem nicht zur Rücknahme verpflichtet. Häufig werden deswegen Medikamente falsch entsorgt: Die biologisch hochaktiven Stoffe gelangen ins Abwasser und richten erhebliche Schäden bei Fischen und Wasserpflanzen an.[5]

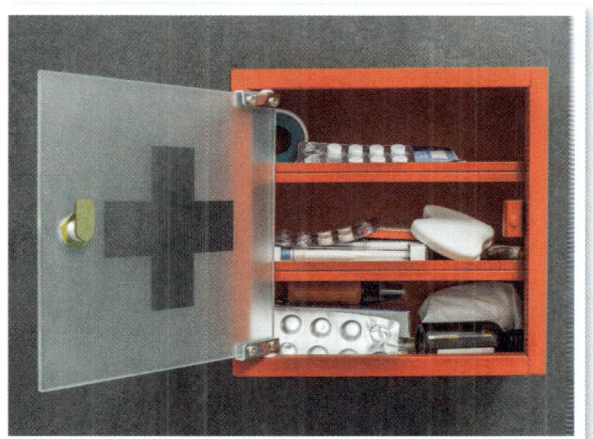

Medikamentenschrank

TIPP Prüfen Sie vor dem Gang zur Apotheke die Restbestände in Ihrer Hausapotheke und schaffen Sie kleine Packungsgrößen an. Das vermindert überflüssigen Medikamentenkauf und schont auf lange Sicht die Umwelt.

⟶ **AUFGABE 1 A**
Machen Sie eine Bestandsaufnahme und zählen Sie die verschiedenen Medikamente in Ihrer Hausapotheke.

Anzahl der Medikamente in Hausapotheke:: ◯

⟶ **AUFGABE 1 B**
Wie viele Medikamente haben bereits das Verfallsdatum überschritten oder werden nicht mehr benötigt?

Medikamente mit überschrittenem Verfallsdatum oder solche, die nicht mehr benötigt werden: ◯

⟶ **AUFGABE 2 A**
Recherchieren und diskutieren Sie: Ist die in anderen Ländern oft übliche Abgabe von abgezählten Medikamenten in Dosen – das sogenannte Auseinzeln – nachhaltiger? Denken Sie dabei an Herstellung, Lagerung, Verpackung, Ausgabe an den Patienten und Entsorgung.

⟶ **AUFGABE 2 B**
Welche Wirkstoffe in Arzneimitteln sind für die Pflanzen und Tiere in Gewässern besonders schädlich? Beschreiben Sie die Auswirkungen.

_____

_____

_____

_____

_____

3 Hausmittel bei Erkrankungen

→ **AUFGABE 3 A**
Wie und wo bewahren Sie Arzneimittel richtig auf?

→ **AUFGABE 3 B**
Wie entsorgen Sie abgelaufene Medikamente richtig?

3.2 Hausmittel gegen Erkrankungen

Mit Arzt dauert eine Erkältung sieben Tage, ohne Arzt eine Woche – diese Volksweisheit trägt viel Wahres in sich. Hausmittel lassen eine Erkältung zwar nicht verschwinden, jedoch lassen sich die Symptome etwas lindern und auf Medikamente kann möglicherweise verzichtet werden. Die Heilwirkung von Pflanzen, Kräutern und Gewürzen oder auch Salzen ist seit Jahrtausenden bekannt und auch heute noch wird dieses Wissen bei der Behandlung von Leiden und Krankheiten angewandt. In Form von Tees, Salben oder Aufgüssen kommen die Inhaltsstoffe zum Einsatz und können ihre Kraft entfalten.

Kamillenblüten

TIPP Das Inhalieren von Wasserdampf, angereichert mit Zusätzen wie Salz ist ein einfaches, aber wirksames Hausmittel: ein Liter Wasser mit 9 g Salz zum Kochen bringen, mit Zusätzen anreichern und auf etwa 75 °C abkühlen lassen. Der aufsteigende Dampf befeuchtet die Schleimhäute, befreit die Atemwege und lässt Schleim und Sekret abfließen. Ein Handtuch über dem Kopf verstärkt den Effekt beim Inhalieren.

5 | Nachhaltige Gartenpflege, Körperpflege, Kosmetik und Hausapotheke

---

→ **AUFGABE 4**

Nennen Sie weitere Zusätze für ein Wasserdampfbad und deren Wirkung.

Zusatz	Wirkung
Kamillenblüten	Entzündungshemmend

→ **AUFGABE 5**

Formulieren Sie die Zubereitung einer stärkenden Hühnersuppe.

Menge	Zutaten	Zubereitung
1	Suppenhuhn (ca. 2 kg)	
1	Zwiebel	
3	Karotten	
½ Knolle	Sellerie	
½ Stange	Lauch	
Ca. 5 Stängel	frische Petersilie	
3	Lorbeerblätter	
½ TL	Wacholderbeeren	
½ TL	Nelken	
1 TL	schwarze oder weiße Pfefferkörner	
	Salz, Pfeffer, Muskat	

→ **AUFGABE 6**

Geben Sie jeweils ein Rezept für einen Erkältungstee an:

Mit frischen Zutaten: _____

_____

_____

_____

Mit getrockneten Zutaten: _____

_____

_____

_____

3 Hausmittel bei Erkrankungen

→ **AUFGABE 7**
Stellen Sie ein Erkältungsbad her und halten Sie die Rezeptur und Vorgehensweise fest.

→ **AUFGABE 8**
Recherchieren Sie nach einem Rezept für einen Zwiebel-Hustensaft.

Propolisernte aus einem Bienenstock

WUSSTEN SIE?

Honig ist aufgrund seiner entzündungshemmenden Wirkung ein klassisches Hausmittel – doch es gibt noch ein weiteres Hausmittel aus der Bienenwelt: Propolis ist das sogenannte Bienenharz und wird von den Bienen verwendet, um schädliche Keime aus dem Bienenstock fernzuhalten. Es gilt als das stärkste natürlich vorkommende Antibiotikum und wird als Creme, Tinktur oder Pulver im Handel angeboten.

5 | Nachhaltige Gartenpflege, Körperpflege, Kosmetik und Hausapotheke

→ AUFGABE 9
Beschreiben Sie ein weiteres Hausmittel gegen Erkältung.

_____

_____

_____

_____

_____

→ AUFGABE 10 A
Erkundigen Sie sich in Ihrem Umfeld nach Hausmitteln gegen folgende Erkrankungen:

- Sonnenbrand: _____

  _____

- Rückenschmerzen: _____

  _____

- Zahnschmerzen: _____

  _____

- Zahnfleischentzündungen: _____

  _____

- Ohrenschmerzen: _____

  _____

- Kopfschmerzen: _____

  _____

- Krämpfe: _____

  _____

- Verstopfung: _____

  _____

- Durchfall: _____

  _____

3 Hausmittel bei Erkrankungen

⟶ AUFGABE 10 B

Gestalten Sie mit dem Wissen einen kleinen Ratgeber in DIN-A7-Größe und legen Sie das Heftchen zu Ihrer Hausapotheke. Gestalten Sie die Seiten mit gepressten Blüten/Kräutern oder Zeichnungen.

> **FAZIT**
>
> **Fazit**
> ↓
> Hausmittel können bei leichten Erkrankungen Linderung verschaffen und zusätzlich zu Medikamenten unterstützend wirken. Achten Sie dennoch auf Unverträglichkeiten und Allergien, die richtige Dosierung und Anwendung. Hausmittel ersetzen keine Arzneimittel – bei längeren und schwereren Erkrankungen suchen Sie einen Arzt auf.

6 Nachhaltige Zukunft

1 Nachhaltige Konsumalternativen

1.1 Sharing Economy: Trend oder Zukunft?

Der Gedanke des Teilens ist nicht neu. Schon von Beginn der Menschheit an ist geteilt worden: zuerst, um das Überleben zu sichern, daraufhin, um das Leben zu vereinfachen. Ware wurde gegen Ware oder Leistung getauscht, später gegen Münzen. Die Konsumgesellschaft hat sich jedoch in den letzten Jahren verändert. Durch das Internet und das Aufkommen von Auktionsplattformen, Sharing-Diensten und Online-Tauschbörsen haben sich in den letzten Jahren ganze Branchen verändert: Waren aller Art werden meistbietend verkauft, Zimmer in Privatwohnungen an Touristen, Studenten oder Geschäftsreisende vermietet, Autos geteilt oder als Taxiservice genutzt, Lebensmittel weitergegeben oder Kleidung, Schuhe und Handtaschen vermietet. Diese neue Art von Konsum hat die Wirtschaft verändert. Neue Gesetze wurden erlassen, manche Dienste untersagt oder eingeschränkt, andere wurden von der Regierung gefördert und unterstützt. Die Sharing Economy ist momentan ein Trend und folgt dem Zeitgeist. Wenn jedoch Regierungen und Konzerne diesen Trend ausbauen, könnte er auch in der Zukunft Bestand haben und die Konsumwelt nachhaltig verändern.

Leihfahrräder mit Solar-Panel

⟶ **AUFGABE 1 A**

Erweitern Sie die Mindmap und finden Sie Sharing-Beispiele für folgende Bereiche:

Auto – Haushaltsgroßgeräte – Werkzeuge – Garten – Kleidung – Bücher – Medien (Filme, Serien, Musik) – Lebensmittel – Kinderkleidung und -spielzeug – Sportgeräte und Fahrräder – Unterkünfte – Wissen

1 Nachhaltige Konsumalternativen

⟶ AUFGABE 1 B
Welche Angebote haben Sie schon genutzt? Tauschen Sie sich in der Lerngruppe aus und berichten Sie Ihre Erfahrungen.

⟶ AUFGABE 2
Welche Tauschbörsen gibt es in Ihrem Umkreis? Erkundigen Sie sich und zählen Sie auf: Was wird wo getauscht? Wer organisiert die Tauschbörsen?

_____

_____

_____

_____

_____

_____

_____

_____

_____

⟶ AUFGABE 3
Sharing-Anbieter und -Plattformen stehen häufiger in der Kritik. Diskutieren Sie in der Gruppe über die Angebote, die Gefahren und die Wettbewerbsveränderung innerhalb der Branche.

⟶ AUFGABE 4
Finden Sie Beispiele, wie der Gedanke der Sharing Economy in Ihrer Berufsausbildung ausgeführt wird oder in Zukunft werden könnte.

_____

_____

_____

_____

_____

⟶ AUFGABE 5
Was ist unter dem Begriff „Sharewashing" zu verstehen?

_____

_____

_____

_____

1.2 Nachhaltige Dienstleistungen

Im Dienstleistungsbereich steckt der Gedanke der Nachhaltigkeit, der verantwortungsvolle Umgang mit Umwelt und Ressourcen noch in den Kinderschuhen. Das liegt möglicherweise daran, dass in diesem Sektor keine Waren angeboten werden, sondern klassische Dienstleistungen, Versicherungen, Geldanlagen oder Strom.

Ein Siegel für nachhaltige Dienstleistungen gibt es nicht, jedoch wird in den sogenannten „grünen" Betrieben der Geldfluss transparent gemacht.

> **BEISPIEL**
> „Grüne" Banken investieren nicht in Waffengeschäfte und spekulieren nicht mit Nahrungsmitteln.
> Oft steht in nachhaltigen Dienstleistungsbetrieben auch der soziale Aspekt im Vordergrund, z. B. Bezahlung fairer Löhne, Möglichkeit zur Heimarbeit oder Monatskarte für den Nahverkehr.

→ AUFGABE 6
Wählen Sie jeweils eine Bank, eine Versicherung und einen Dienstleistungsbetrieb aus, die mit dem Wort „nachhaltig" werben. Erkundigen Sie sich nach der Unternehmensphilosophie und den gesetzten Zielen.

→ AUFGABE 7
Geben Sie zwei Beispiele für „Greenwashing" an.

_____

_____

_____

_____

_____

> **FAZIT**
> **Fazit**
> ↓
> Dienstleister und Sharing-Anbieter sollten geprüft werden auf Transparenz und die Umsetzung der drei Aspekte der Nachhaltigkeit: sozial, ökonomisch und ökologisch.

EXKURS
Wohnen 2.0 – alternative Lebensformen

Gemeinschaftliche Einrichtungen sind nicht neu, seit Jahrzehnten werden in Mehrfamilienhäusern Waschküchen und Trockenräume gemeinsam genutzt. Geräte, die in der Wohnung keinen Platz haben, für die es keinen Anschluss gibt oder die für kleine Haushalte schlichtweg nicht rentabel sind, werden für die allgemeine Benutzung bereitgestellt und von den Bewohnern geteilt. Heutzutage bieten moderne Appartementkomplexe (wie in anderen Ländern seit Langem üblich) zusätzlich zur Privatwohnung die gemeinsame Benutzung von Fitnessräumen, möblierten Dachterrassen und Lounges an. Das Wohnen findet zum Teil außerhalb der Privatwohnung und doch „zu Hause" statt.

Die Philosophie „Nutzen statt Besitzen" ist auch Grundlage für alternative Wohn- und Lebensgemeinschaften, die nicht nur Küche, Bad oder Arbeitsraum teilen, sondern auch Besitzgüter wie Fahrräder, Autos, Werkzeuge oder die Fotoausrüstung. Doch nicht nur Konsumgüter werden geteilt: Die Versorgung der Haustiere, die Kinderbetreuung, das Kochen, die anfallende Gartenarbeit oder Reparaturen – das Leben in der Kommune ist anders und funktioniert nur, wenn alle Bewohner dieselben Ideale verfolgen.

Von Minimalismus beim Wohnen spricht man bei der „Tiny-House-Bewegung". Leben auf weniger als 30 Quadratmetern, oft auf zwei Ebenen verteilt, ist ein Trend, der in den USA und auch in Deutschland wächst. Auf speziellen Stellplätzen werden Bauwagen oder kleine Häuser vermietet oder gekauft, diese sind inklusive Wasser-, Strom- und Internetanschluss sowie Zugang zu Gemeinschaftseinrichtungen. Die Energieersparnis der Tiny Houses ist enorm. Das schont Ressourcen und fördert ein nachhaltiges Konsumverhalten.

Wenig Besitz braucht wenig Wohnraum: ein modernes Tiny House von innen

Wenn Bürogemeinschaften (Co-Working-Spaces) zusätzlich Wohnraum anbieten, spricht man von Co-Living-Spaces. Oft sind kleine Schlafnischen die einzige Privatsphäre. Die Weiterentwicklung von Wohngemeinschaften werden hauptsächlich von sogenannten digitalen Nomaden genutzt: jungen Menschen, die meist freiberuflich bzw. ortsungebunden arbeiten und dazu nur das Internet und einen PC benötigen.

→ AUFGABE 1
Wie wird sich Wohnen in den nächsten Jahren verändern und in welche Richtung wird es sich entwickeln? Diskutieren Sie in Ihrer Lerngruppe.

2 Ausblick: Nachhaltigkeit in den Alltag integrieren

Das Führen eines nachhaltigen Lebensstils ist ein Prozess und kann nur durch die bewusste Auseinandersetzung mit den drei Aspekten der Nachhaltigkeit erreicht werden (sozial, ökologisch, ökonomisch). Nach einer Meinungsbildung können Konsumentscheidungen überlegt und entschieden ausgeführt werden. Die erste Anbahnung führt zu einem breiten Wissen und dem Erkennen von Zusammenhängen, sodass die nachhaltige Lebensweise im Alltag in verschiedenen Bereichen umgesetzt und fest integriert werden kann.

FAZIT

Fazit
↓
Schon kleine Veränderungen in der Lebensweise helfen, das Klima und die Umwelt zu schützen, Arbeitsbedingungen zu verbessern und die Tierhaltung artgerechter zu machen.

⟶ **AUFGABE 1 A**

Führen Sie erneut ein Konsumtagebuch über sieben Tage.

→ Konsumtagebuch, S. 144

⟶ **AUFGABE 1 B**

Vergleichen Sie Ihr Konsumtagebuch mit dem Tagebuch vom _____
(→ Kapitel 1, 2.2, S. 15). Hat sich Ihr Konsumverhalten verändert? Wenn ja, inwiefern? Beschreiben und begründen Sie.

_____

_____

_____

_____

_____

_____

_____

_____

_____

⟶ **AUFGABE 1 C**

Welchen Konsum können Sie als nachhaltig (sozial, ökologisch oder ökonomisch) bewerten? Schraffieren Sie die Felder in Ihrem Konsumtagebuch in der Farbe Blau.

⟶ **AUFGABE 1 D**

Tragen Sie in die Konsumpyramide Ihren Konsum dieser Woche ein. Füllen Sie auch das untere Feld aus, wenn Sie sich gegen einen Konsum entschieden haben.

→ Konsumpyramide, S. 145

2 Ausblick: Nachhaltigkeit in den Alltag integrieren

Konsumtagebuch vom _____ **bis** _____

Ausgaben	Ernährung	Non-Food	Kleidung und Schuhe	Freizeitgestaltung	Andere Ausgaben
	Supermarkt-, Wochenmarkteinkauf, Restaurantbesuch, Coffee to go ...	Drogerie- und Hygieneartikel, Kosmetikprodukte, Haushaltswaren, Medikamente, Augenlinsen ...	Unterwäsche, Accessoires, Schmuck, Uhren ...	Zeitschriften, Bücher, Eintrittskarten, Sportstudio, Material für Hobby ...	Tanken, öffentlicher Nahverkehr, Friseur, Spenden, Schreibwaren, Schnittblumen, Geschenke ...
Tag 1 _____					
Tag 2 _____					
Tag 3 _____					
Tag 4 _____					
Tag 5 _____					
Tag 6 _____					
Tag 7 _____					
Gesamt _____					

Konsumpyramide

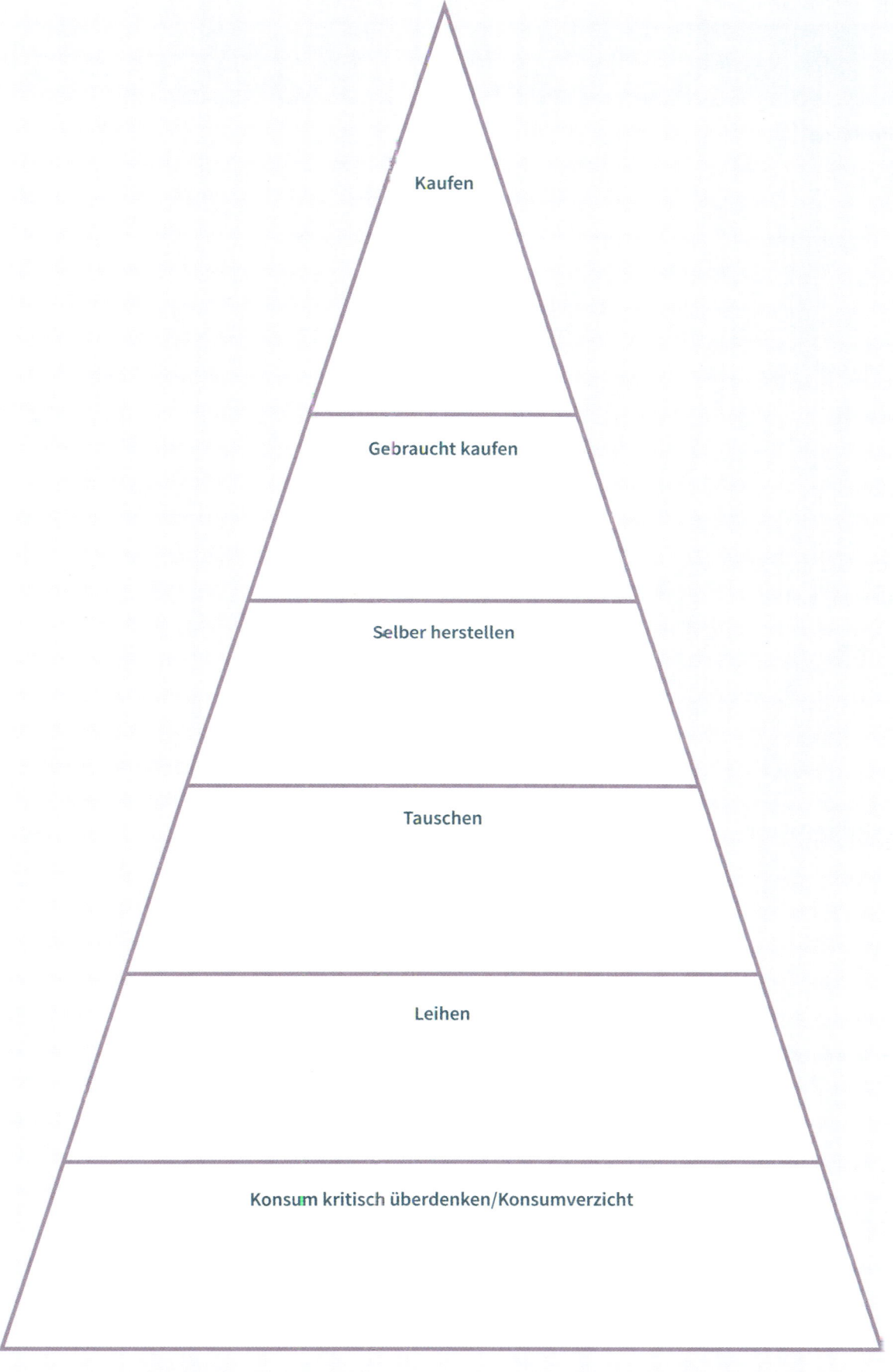

2 Ausblick: Nachhaltigkeit in den Alltag integrieren

→ **AUFGABE 2**

Was können Sie kurz-, mittel- und langfristig in Ihrem Konsumverhalten ändern, um Ressourcen zu sparen, die Umwelt zu entlasten und eine nachhaltige Lebensweise voranzutreiben? Finden Sie zu jeder Kategorie ein Beispiel.

	Kurzfristig/ sofort umsetzbar	Mittelfristig/ nach Planung und Organisation umsetzbar	Langfristig umsetzbar/ mit größerem Aufwand verbunden
Ernährung *Beispiel:* _____			
Non-Food *Beispiel:* _____			
Kleidung und Schuhe *Beispiel:* _____			
Freizeitgestaltung *Beispiel:* _____			
Andere Ausgaben *Beispiel: Autonutzung*	Zu Fuß gehen, Fahrrad fahren, Besorgungen vor Ort erledigen	Fahrgemeinschaften gründen und nutzen, Elektrofahrrad anschaffen	Entfernung zwischen Wohnort und Arbeitsort reduzieren, Umzug, Wechsel der Arbeit/Heimarbeit
Andere Ausgaben *Beispiel:* _____			

⟶ AUFGABE 3
Welche Konsumalternativen gibt es in Ihrer Gegend? Recherchieren Sie und informieren Sie sich über die Angebote.

⟶ AUFGABE 4 A
Geben Sie Ratschläge, wie man Nachhaltigkeit im Alltag umsetzen kann. Blättern Sie im Arbeitsbuch zurück und finden Sie zu den einzelnen Kapiteln zwei bis drei Ratschläge, wie sich Nachhaltigkeit im Alltag umsetzen lässt. Formulieren Sie knapp und präzise.

1.
2.
3.
4.
5.

2 Ausblick: Nachhaltigkeit in den Alltag integrieren

6. _____

7. _____

8. _____

9. _____

10. _____

11. _____

12. _____

13. _____

14. _____

15. _____

⟶ **AUFGABE 4 B**

Gestalten Sie mit den Ratschlägen aus Aufgabe 4 A einen Nachhaltigkeitsratgeber und berücksichtigen Sie folgende Kriterien:

- Wählen Sie eine kompakte Form (Hosentaschenbuch, Broschüre oder Flugblatt).
- Schaffen Sie mit Ihrer Wortwahl beim Leser ein Bewusstsein für das Thema „Nachhaltigkeit".
- Lassen Sie die Konsumpyramide und wichtige Fakten aus dem Arbeitsbuch mit in Ihren Ratgeber einfließen.
- Gestalten Sie den Ratgeber nachhaltig (Upcycling, Recycling etc.).

⟶ **AUFGABE 4 C**

Vervielfältigen und verteilen Sie den Ratgeber, präsentieren Sie die enthaltenen Fakten mit anschaulichen, kreativen und eventuell provokanten Mitteln, z. B. Veranschaulichung des täglichen Müllaufkommens, zu üppig einkaufte Lebensmittel pro Woche, Fehlkäufe pro Monat.

Versuchen Sie, ein möglichst großes und breites Publikum zu erreichen, z. B. mit einem Tag der offenen Tür oder einem Informationsstand, und mit der Präsentation zum Handeln aufzufordern.

Sachwortverzeichnis

A

Abfallbeseitigung **58**
Abfallhierarchie, fünfstufig **58**
Abfallvermeidung **58**
Abholzung **33**
Abschminkprodukte, Alternative **124**
Agenda 21 **9**
Agenda 2030 **9**
Agent Orange **92**
Alaun **93**
Altkleider **90**
Anzuchterde, nährstoffarm **116**
Anzuchtgefäße **113**
Apfelchutney **51**
Apfeltee **52**
Aralsee **92**
Atlasbindung **103**
Auseinzeln **133**

B

Balkonpflanze **114**
Bananenbrot **46**
Baumwolle **85**
BDiH-Siegel **119**
Bio-Baumwolle **89**
Biodiversität, natürliche **71**
Bodenfruchtbarkeit **31, 107, 118**
Bokashi-Eimer **108**
Brundtland-Bericht **9**
Butterbrottüte **96**

C

Cake-Pops **47**
chemisches Reinigungsmittel **64**
CO2-Belastung, indirekte **33**
Co-Living-Spaces **142**
Convenience Food **37**
Co-Working-Spaces **142**
Croutons **43**

D

Dampfbad **124**
Dienstleistung, nachhaltig **141**
digitale Nomade **142**
Downcycling **90**
Duales System **61**
Düngemittel **71, 92**
Düngemittel, mineralstoff **110**
Düngemittel, mineralstoffhaltig **71**
Düngemittel, natürlich **107**
Duschschwamm **119**

E

Efeu **68**
EG-Detergentienverordnung **71**
Einwegpfand **63**
Einwegprodukt **122**
Energetische Verwerung **58**
Energieeffizienzklasse **22**
Energieerzeugung **11**
Energiequelle, saubere **13**
energiesparende Garmachungsart **24**
Energieverbrauch im Haushalt **21**
Erderwärmung **12**
Erkältungsbad **136**
Erkältungstee **135**
Ernährungsgewohnheiten **39**
Essig **72**
EU-Energielabel **22**
Euro-Blume (EU Ecolabel) **64**
Eutrophierung **71**

F

fairer Handel **33**
Fair-Trade **32**
Fairtrade-Siegel **90**
Färben, Stofffärben mit Pflanzenfarben **93**
Faser, Kunstfaser **85**
FCKW (Flourchlorkohlenwasserstoffe) **119**
Fermentation, Bioabfall **108**
Fertigprodukt **37, 39**
Fleischerzeugung **33**
Fleischkonsum **33, 34**
Flexitarische Kostform **39**
fossiler Energiestoff **11**
Frankfurter Küche **28**
Freiland **30**
Fried Rice **43**
Fruchtfolge **31**
FSC-Gütesiegel **19**

G

Ganache **48**
Gar- bzw. regenerierfertig **37**
Gas **21**
Gebrauchtwaren **20**
Gemüsebrühe, flüssig **51**
Gemüsebrühe, gekörnt **51**
Generationengerechtigkeit **9**
geröstete Kürbiskerne **53**
Gesichtspeeling **124**
globaler Hektar **17**
GOTS-Siegel **90**
Greenwashing **141**
Grundwasserversorgung **25**
Grüner Punkt **61**
Gülle **33**

H

Hausapotheke **133**
Hausmittel **137**
Herbizid **92, 118**
Hermann-Teig **54**
Hühnersuppe **135**
Humus **107**

I

Inhalieren **134**
Insektizid **85**

J

Jeans **89**

K

Kaffeesatz **110**
Kastanie **68**
Keimen **113**
Keimglas **111, 112**

Kernseife **72**
Kettfaden **103**
Kleidung **78**
Kleingeräte **24**
klimaneutral **12**
Klimawandel **9**
Knoblauchpaste **50**
Kochkiste **28**
Kohle **21**
Kojac-Faser **124**
Kombigeräte **24**
Komposter, Schnellkomposter **107**
Komposter, Thermokomposter **107**
Kompostieren **107**
Kompostwurm **107**
Konsum **13**
Konsumalternativen **147**
Konsumentscheidung **143**
Konsumgesellschaft **139**
Konsumpyramide **16, 145**
Konsumtagebuch **15, 144**
Konsumverhalten **146**
Konsumverzicht **14, 16**
Körperbindung **103**
Kräutergarten **113**
Kräuterspirale **118**
Kreislaufwirtschaftsgesetz **58**
Küchenfertig **37**
Kuchen im Glas **49**
Kuchenpralinen **46**

L

Lachgas **11, 33**
Landwirtschaft, konventionell **71**
Landwirtschaft, ökologisch **30**
Lavendeldruck **67, 101, 125**
Lebensgemeinschaft, alternativ **142**
Lebensmittel, nachwachsen lassen **116**
Lebensmittelunverträglichkeit **39**
Lebensmittelverschwendung **41**
Leinwandbindung **103**
Lippenpflegebalm **125**
Lokal, einkaufen **30**
Lokal, Lebensmittel **29**

M

Massentierhaltung **33**
Mehrwegpfand **63**
Meringue **47**
Methan **11, 33**

Mikroorganismen, effektive **108**
Mikroplastik **98, 119, 120**
Milchtütenstempel **53**
Mineralöl, in Kosmetikprodukten **119, 120**
Minimalismus **142**
Monoanbau **118**
Mulch **110**
Müll, Biomüll **58, 62, 107**
Müll, Kunststoffmüll **125**
Müllreduzierung **58**
Müll, Restmüll **62**
Müll, Sperrmüll **58, 62**
Müllvermeidung **60**
Müll, Verpackungsmüll **61**
Müll, Wertstoff **62**
Müll, Wiederaufbereitung **61**

N

nachhaltige Forstwirtschaft **19**
nachhaltiger Konsum **14**
nachhaltiger Lebensstil **143**
nachhaltiges Material **20**
Nachhaltigkeit **9**
Nachhaltigkeit, im Alltag **147**
Nachhaltigkeit, ökologisch **141, 143**
Nachhaltigkeit, ökonomisch **141, 143**
Nachhaltigkeit, sozial **141, 143**
Natron **72**
NaTrue-Siegel **119**
Naturkosmetik **119**
Nicecream **48**
Nudelnester **45**

O

ökologischer Fußabdruck **17, 18**
Ökoschuldentag **17**
Ökosystem **118**
Öl **21**
Öl, ätherisch **67**
Öle, ätherisch **72, 124, 127**
Öl, Lavendel **101**
Overshoot-Day **17**
Ozonloch **119**
Ozonschicht **33**

P

Paketband-Etiketten **57**
Panzanella **42**

Paraffine **119**
Pariser Klimaschutzabkommen **12**
PEFC-Gütesiegel **19**
Permakultur **118**
Pestizid **85, 92, 118**
Pesto, Möhrengrün **52**
PET-Flasche **91**
Pflanzenabfälle **107**
Pflanzenfarbe **93**
Pflanzenvermehrung **116**
Phosphor **71**
Photosynthese **71**
Phytoplankton **71**
Plastiktüte **98**
Plastikwolle **99, 125**
Produktverantwortung **61**
Propolis **136**

R

Recycling **58, 61**
Regenwasser **110**
Regional, einkaufen **30**
Ressourcen **9, 17**
Ressourcenschonend, artgerecht **30**
Ressourcenschonend, nachhaltig **30**
Restabfall **58**

S

Saisonal, einkaufen **30**
Saisonal, Produkte **29**
Saisonkalender **30**
Samen **113**
Samentauschbörse **113**
Saponin **68**
saure Rinse **131**
Säureschutzmantel **123**
Schädlingsbekämpfungsmittel **110**
Schädlingsbekampfungsmittel, chemisch **110**
Schussfaden **103**
Seife **125**
Sharewashing **140**
Sharing Economy **139**
Siedlungsabfall **58**
Simmering Pot **76**
Soda **72**
Speiseabfälle **107**
Sprossen **111**
Steckling **116**
Stewardessen-Krankheit **123**

Stickstoff **71**
Stromsparmaßnahme **21**
Sylvicultura oeconomica **9**
Syndet **128**

T

Tauschbörse **140**
Tenside **64, 123**
Tenside, abbaubar **71**
Terra Preta **110**
Textilausrüstung **88**
Textilien, Bekleidung **78**
Textilien, Färberückstände **82**
Textilien, Heimtextilien **78**
Textilien, Herstellungsschritte eines
  Kleidungsstückes **81**
Textilien, Rückstände
der Textilproduktion **82**
Textilien, Technische **78**
Textilien, Umweltverschmutzung **81**
Textilindustrie **79**
Textilkette **91**
Textilkreislauf **91**
Textilstaaten **79**
Textilveredelung **87**
Tiefkühlware **37**
Tiny-House **142**
Torf **110**
Tortilla **44**
Treibhauseffekt **11, 12**
Treibhausgas CO2 **11**
Trocknerball **67**

U

Überproduktion **41**
ÜF-Wert **128**
Umweltkatastrophe **92**
Unkrautbekämpfungsmittel,
  chemisch **110**
Upcycling **86, 87, 115, 122, 125, 127**
Urban Gardening **114**
Utensilo **99**

V

Vegane Kostform **39**
Vegane Meringue **48**
Vegetarische Kostform **39**
Verfallsdatum **41, 133**

Verpackung, Nachfüllverpackung **121**
Verpackung, Plastikverpackung **120**
Verpackungsaufwand **60**
verpackungsloser Supermarkt **61**
Verpackung, unverpackte Ware **122**
Verpackung, Verpackungsrohstoff **122**
Verwertung, energetisch **61, 62**
Verwertung, stofflich **61, 62**
Verzehrfertig **37**
Virtuelles Wasser **27**

W

Wachstuch **96**
Wandbehang **105**
Wäschepflege **66**
Waschmittel **64**
Waschmittel, alternativ **68**
Waschmittelauswahl **66**
Waschmittel, im Baukastensystem **66**
Waschmittel, phosphatfrei **71**
Waschnuss **68**
Wasserverschwendung **27**
Weben **105**
Webrahmen **104**
Wertstoff **58**
Wiederverwendung **58**
Wohngemeinschaft, alternativ **142**
Wurmkiste **107**

Z

Ziel, nachhaltige Entwicklung **10**
Zitronensäure **72**
Zwiebel-Hustensaft **136**

Fußnotenverzeichnis

1 | Nachhaltigkeit

[1] **Hans Carl von Carlowitz** (1645–1714) studierte Rechts- und Staatswissenschaften und war ein hoher Beamter in der Verwaltung des deutschen Fürstentums. Im Jahr 1713 veröffentlichte er mit dem Buch „Sylvicultura oeconomica, oder haußwirthliche Nachricht und Naturmäßige Anweisung zur wilden Baum-Zucht" das erste eigenständige Werk über die Forstwirtschaft. Er gilt damit als wegweisender Initiator des Begriffs der Nachhaltigkeit. Für weitere Informationen siehe Webseite der Carlowitz-Gesellschaft e. V. unter http://carlowitz-gesellschaft.de [Stand 01.06.2018].

[2] **Agenda 21:** Für weitere Informationen siehe https://sustainabledevelopment.un.org/content/documents/Agenda21.pdf [Stand 01.06.2018].

[3] **Agenda 30:** Für weitere Informationen siehe Übersichtsseite der Bundesregierung unter www.bundesregierung.de/Content/DE/StatischeSeiten/Breg/Nachhaltigkeit/0-Buehne/2016-10-24-agenda-2030-ueberblick.html [Stand 01.06.2018].

[4] **Bruttostromerzeugung in Deutschland für 2015 bis 2017,** © Statistisches Bundesamt (Destatis), 2017, vgl. www.destatis.de/DE/ZahlenFakten/Wirtschaftsbereiche/Energie/Erzeugung/Tabellen/Bruttostromerzeugung.html [Stand 01.06.2018].

[5] **Klimaschutzplan 2050 – die deutsche Klimaschutzlangfriststrategie:** Für weitere Informationen siehe Übersichtsseite der Bundesregierung unter www.bmub.bund.de/themen/klima-energie/klimaschutz/nationale-klimapolitik/klimaschutzplan-2050/ [Stand 01.06.2018].

[6] **Berechnung des ökologischen Fußabdrucks:** Für weitere Informationen siehe Infoblatt des Bayerischen Landesamtes für Umwelt, vgl. Publikation: Bayerisches Landesamt für Umwelt (Hrsg.): Der Ökologische Fußabdruck, Reihe UmweltWissen, 2012, veröff. unter www.lfu.bayern.de/buerger/doc/uw_86_oekologischer_fussabdruck.pdf [01.06.2018].

[7] **„Overshoot-Day" (Ökoschuldentag):** Für weitere Informationen siehe die Webseite der Organisation *Global Footprint Network* unter www.footprintnetwork.org und www.overshootday.org/about-earth-overshoot-day/country-overshoot-days/ [Stand 01.06.2018].

2 | Nachhaltig kochen und backen

[1] **Virtuelles Wasser und „Wasser-Fußabdruck":** Für weitere Informationen siehe Themenseite des BR unter www.br.de/themen/wissen/virtuelles-wasser-wasserfussabdruck100.html [Stand 01.06.2018].

[2] **Nachhaltige Wassernutzung und Wasserverbrauch:** Für weitere Informationen siehe Themenseite zur Nachhaltigkeit der Bundeszentrale für politische Bildung unter www.bpb.de/apuz/188655/nachhaltigkeit [Stand 01.06.2018].

[3] **Margarete Schütte-Lihotzky** (1897–2000) studierte Architektur. Ihr Entwurf der sogenannten „Frankfurter Küche" ist der Vorläufer der modernen Einbauküche und machte die Wiener Architektin international bekannt. Für weitere Informationen siehe www.museumderdinge.de/ausstellungen/schausammlung/gebrauchsanweisung-fuer-eine-frankfurter-kueche-im-museum-der-dinge [Stand 01.06.2018].

[4] **Treibhausgas-Emissionen der Ernährung:** Für weitere Informationen siehe Publikation des WWF unter www.wwf.de/fileadmin/fm-wwf/Publikationen-PDF/Klimawandel_auf_dem_Teller.pdf [Stand 01.06.2018].

[5] **Ökologischer Landbau:** Für weitere Informationen siehe Informationsseite des Umweltbundesamtes unter www.umweltbundesamt.de/daten/land-forstwirtschaft/oekologischer-landbau#textpart-1 [Stand 01.06.2018].

[6] **Fairtrade-Standards:** Für weitere Informationen siehe Informationsseite von Fairtrade Deutschland unter www.fairtrade-deutschland.de/was-ist-fairtrade/fairtrade-standards.html [Stand 01.06.2018].

[7] **Klimabilanz pflanzlicher und tierischer Lebensmittel:** Für weitere Informationen siehe Pressemeldung der Deutschen Gesellschaft für Ernährung e. V. unter www.dge.de/presse/pm/weniger-fleisch-auf-dem-teller-schont-das-klima (DGE aktuell, 05/2015 vom 01. April 2015) [Stand 01.06.2018].

[8] **Problem Kaffeebecher:** Für weitere Informationen siehe Webseite der Deutschen Umwelthilfe unter www.duh.de/becherheld-problem [Stand 01.06.2018].

[9] **BMEL-Ernährungsreport 2016:** Für weitere Informationen siehe Report des Bundesministeriums für Ernährung und Landwirtschaft, veröff. unter www.bmel.de/SharedDocs/Downloads/Broschueren/Ernaehrungsreport2016.pdf?__blob=publicationFile [Stand 01.06.2018].

[10] **Anzahl der Veganer und Vegetarier in Deutschland:** Für weitere Informationen siehe Webseite des Vegetarierbunds Deutschland unter https://vebu.de/veggie-fakten/entwicklung-in-zahlen/anzahl-veganer-und-vegetarier-in-deutschland/ [Stand 01.06.2018].

[11] **Lebensmittelverschwendung:** Für weitere Informationen und eine Zusammenfassung der Studie der Universität Stuttgart siehe Webseite des Lehrstuhls für Abfallwirtschaft und Abluft unter https://www.bmel.de/SharedDocs/Downloads/Ernaehrung/WvL/Studie_Lebensmittelabfaelle_Faktenblatt.pdf;jsessionid=A07E0CD545C4097A10B4BEC0E345863B.2_cid376? [01.06.2018].

3 | Nachhaltig hauswirtschaften, reinigen und waschen

[1] **Siedlungsabfälle:** Für weitere Informationen siehe Definition des Bundesministeriums für Umwelt, Naturschutz, Bau und Reaktorsicherheit unter www.bmub.bund.de/themen/wasser-abfall-boden/abfallwirtschaft/abfallarten-abfallstroeme/siedlungsabfaelle/ [Stand 01.06.2018].

[2] **Haushaltsabfälle im Jahr 2015 um 0,6 % gesunken:** Für weitere Informationen siehe Pressemeldung des Statistisches Bundesamtes (Destatis) vom 20.12.2016, vgl. www.destatis.de/DE/PresseService/Presse/Pressemitteilungen/2016/12/PD16_465_321.html [Stand 01.06.2018].

[3] **Abfallstatistik:** Für weitere Informationen siehe Webseite des Statistische Amtes der Europäischen Union (Eurostat) unter http://ec.europa.eu/eurostat/statistics-explained/index.php/Waste_statistics/de [Stand 01.06.2018].

[4] **Haushaltsreiniger und Geschirrspülmittel in deutschen Haushalten:** Für weitere Informationen siehe Informationsseite des Umweltbundesamtes unter www.umweltbundesamt.de/themen/chemikalien/wasch-reinigungsmittel/umweltbewusst-waschen-reinigen/fruehjahrsputz [Stand 01.06.2018].

[5] **Umweltbewusst reinigen:** Für weitere Informationen siehe Publikation des Umweltbundesamtes unter www.umweltbundesamt.de/sites/default/files/medien/publikation/long/4162.pdf [Stand 01.06.2018].

[6] **Eutrophierung:** Für weitere Informationen siehe Webseite des Umweltbundesamtes unter www.umweltbundesamt.de/themen/wasser/gewaesser/meere/nutzung-belastungen/eutrophierung [Stand 01.06.2018].

[7] **Stickstoffüberschuss der Landwirtschaft:** Für weitere Informationen siehe Webseite des Umweltbundesamtes unter www.umweltbundesamt.de/daten/land-forstwirtschaft/landwirtschaft/naehrstoffeintraege-aus-der-landwirtschaft#textpart-1 [Stand 01.06.2018].

4 | Nachhaltig gestalten, werken und nähen

[1] **Ausgaben für Bekleidung und Schuhe,** © Statistisches Bundesamt (Destatis): Fachserie 15, Reihe 1: Wirtschaftsrechnungen, Laufende Wirtschaftsrechnungen (Einkommen, Einnahmen und Ausgaben privater Haushalte), 2015, veröff. am 17.01.2017 unter www.destatis.de/DE/Publikationen/Thematisch/EinkommenKonsumLebensbedingungen/EinkommenVerbrauch/Einnahmen-AusgabenprivaterHaushalte2150100157004.pdf?__blob=publicationFile [Stand 01.06.2018].

[2] **Textilindustrie in Deutschland:** Für weitere Informationen siehe Webseite des Umweltbundesamtes unter www.umweltbundesamt.de/themen/wirtschaft-konsum/industriebranchen/textilindustrie#textpart-1 [Stand 01.06.2018].

[3] **Bio-Anbau am Beispiel der Baumwolle:** Für weitere Informationen siehe Publikation des Wuppertal Institut für Klima, Umwelt, Energie GmbH unter www.wupperinst.org/globalisierung/pdf_global/baumwolle.pdf [Stand 01.06.2018].

[4] **Fairtrade-Baumwolle:** Für weitere Informationen siehe Webseite von Fairtrade Deutschland unter www.fairtrade-deutschland.de/produkte-de/baumwolle/hintergrund-fairtrade-baumwolle.html [Stand 01.06.2018].

[5] **Altkleider:** Für weitere Informationen siehe Studie des Fachverbands Textilrecycling unter www.bvse.de/images/pdf/Leitfaeden-Broschueren/150914_Textilstudie_2015.pdf [Stand 01.06.2018].

[6] **Wasser-Fußabdruck Deutschlands:** Für weitere Informationen siehe Publikation des WWF unter www.wwf.de/fileadmin/fm-wwf/Publikationen-PDF/wwf_studie_wasserfussabdruck.pdf [Stand 01.06.2018].

5 | Nachhaltige Gartenpflege, Körperpflege, Kosmetik und Hausapotheke

[1] **Kompostfibel:** Für weitere Informationen siehe den Ratgeber „Kompostfibel. Richtig kompostieren – Tipps und Hinweise" des Umweltbundesamtes, abrufbar unter https://www.umweltbundesamt.de/sites/default/files/medien/376/publikationen/151207_stg_uba_kompostfibel_web.pdf [Stand 01.06.2018].

[2] **Kompost aufsetzen:** Für weitere Informationen siehe Infoblatt des Bayerischen Landesamtes für Umwelt, vgl. Publikation: Bayerisches Landesamt für Umwelt (Hrsg.): Den eigenen Kompost aufsetzen, Reihe UmweltWissen, 2013, veröff. unter www.lfu.bayern.de/buerger/doc/uw_31_kompostierung_umsetzung.pdf [Stand 01.06.2018].

[3] **Regelungen zu ozonabbauenden Stoffen:** Für weitere Informationen siehe Webseite des Umweltbundesamtes unter www.umweltbundesamt.de/themen/wirtschaft-konsum/produkte/fluorierte-treibhausgase-fckw/rechtliche-regelungen/regelungen-zu-ozonabbauenden-stoffen#textpart-1 [Stand 01.06.2018].

[4] **Mikroplastik:** Für weitere Informationen siehe Publikation des Bundes für Umwelt und Naturschutz Deutschland (BUND) unter www.bund.net/fileadmin/user_upload_bund/publikationen/meere/meere_mikroplastik_einkaufsfuehrer.pdf [Stand 01.06.2018].

[5] **Arzneimittel und Umwelt:** Für weitere Informationen siehe Webseite des Umweltbundesamtes unter www.umweltbundesamt.de/themen/chemikalien/arzneimittel/arzneimittel-umwelt [Stand 01.06.2018].

Bildquellenverzeichnis

Umschlagfoto: shutterstock.com, New York: (Castleski)

Innenteil:

Fotos

Arbeitskreis Mehrweg GbR, Bonn: S. 63.2

Anja Austregesilo: S.42.2, 43.1, 44.1, 45.1, 45.2, 46.1, 46.2, 47.2, 48.1, 49.1, 50.1, 50.2, 51.1, 52.1, 52.2, 53.1, 53.2, 53.3, 54.1, 54.2, 57.1, 57.2, 57.3, 57.4, 64.1, 67.1, 72.1, 76.1, 94.1, 94.2, 94.3, 94.4, 96.1, 96.3, 96.4, 97.1, 97.2, 99.1, 99.2, 99.3, 101.1, 101.2, 101.3, 102.1, 102.2, 103.1, 103.2, 103.3, 103.4, 105.1, 106.1, 106.2, 106.3, 112.1, 112.2, 112.3, 113.1, 116.1, 116.2, 116.3, 119.3, 125.1, 125.2, 127.1, 130.1

Christian Brunner, Regensburg: S 125.2

Bundesanstalt für Landwirtschaft und Ernährung, Bonn: S. 30.2

Bundesverband der Industrie- und Handelsunternehmen für Arzneimittel, Reformwaren, Nahrungsergänzungsmittel und kosmetische Mittel e.V., Mannheim: S. 119.1

commons.wikimedia.org: S. 28.1

Deutsche Pfandsystem GmbH, Berlin: S. 63.1

D.I.E. Firmenhistoriker GmbH, Aalen: S. 125.2

Europäische Kommission, Berlin: S. 30.3

fotolia.com, New York: S. 11.1 (acinquantadue), 12.1 (Michael Lüdtke), 30.1 (Martina Berg), 33.1 (Visions-AD), 33.2 (Countrypixel), 37.1 (Bill), 58.1 (hroephoto), 61.1 (AA+W), 68.1 (7parkers), 79.1 (pyty), 80.1 (Stockfotos-MG), 89.1 (Lunghammer), 90.1 (jaturunp), 90.2 (Tarzhanova), 107.2 (zummolo), 110.1 (Jurga Jot), 134.1 (kristina rütten)

Global Organic Textile Standard, Stuttgart: S. 89.3

Hye-Kathrin Gruber, München: S 52.2

istockphoto.com, Calgary: S 92.1 (DanielPrudek)

NATRUE –The International Natural and Organic Cosmetics Association Aisbl, Brüssel: S 119.2

RAL GmbH, Bonn: S 64.2

shutterstock.com, New York: S. 20.1 (united photo studo), 23.1 (kazoka), 29.1 (pipicato), 30.1 (Martina Berg), 65.1 (Alzbeta), 71.1 (smspsy), 78.1 (Sorbis), 82.2 (Frame China), 85.1 (Gulec, Sadik), 91.1 (alterfalter), 107.1 (Hancock, Alison), 114.1 (Franz Peter Rudol), 133.1 (photodonato), 136.1 (Anton Nagy), 139.1 (photodonato)

stock.adobe.com, Dublin: S 47.1 (paulzhuk), 59.1 (Korta), 82.1 (shantihesse), 142.1 (ppa5)

TransFair e.V., Köln: S 32.1, 89.2

Vereinte Nationen, Bonn: S 10.1

WWF Deutschland, Frankfurt: S 18.1, 27.1, 98.1

Zeichnungen

Claudia Hild: S 25.1, 25.2, 26.1, 26.2, 72.2, 73.1, 74.2, 92.2, 105.2, 108.1, 129.1, 130.2, 131.1, 118.1

punktgenau GmbH, Bühl: S 96.2